참 좋다!
통일 세상

펴낸날	2003년 8월 25일 초판
	2005년 6월 3일 초판 3쇄
글쓴이	임수경
그린이	박재동
만들어 펴낸이	정우진 이은숙 강진영
꾸민이	Moon&Park(dacida@hanmail.net)
펴낸곳	121-856 서울 마포구 신수동 448-6 한국출판협동조합 도서출판 광개토
영업부	(02) 706-8116
편집부	(02) 3272-8863
팩 스	(02) 717-7725
이메일	bullsbook@hanmail.net
등 록	제22-243호(2000년 9월 18일)

황소걸음
Slow&Steady

ⓒ 임수경, 박재동 2003

이 책의 내용과 그림을 저작권자의 허락 없이 복제, 복사, 인용, 전재하는 행위는 법으로 금지되어 있습니다.

ISBN 89-89370-29-9 73330

정성을 다해 만든 책입니다. 읽고 주위에 권해 주시길……
잘못된 책은 바꿔 드립니다. 값은 뒤표지에 있습니다.

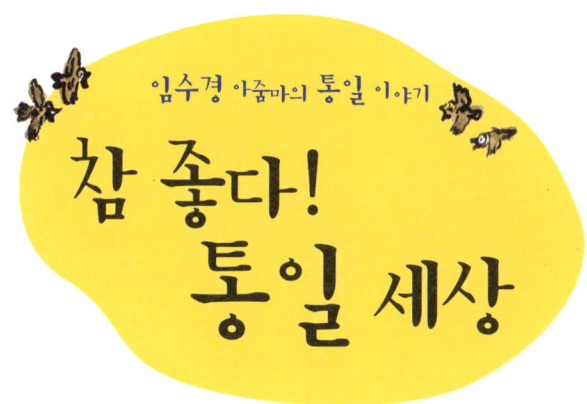

참 좋다! 통일 세상

임수경 아줌마의 통일 이야기

글쓴이 임수경
그린이 박재동

황소걸음
Slow&Steady

글쓴이 **임수경**

　여러분 안녕하세요? 임수경이라고 해요. 아줌마는 1968년 서울에서 태어나고 자랐어요. 어릴 때부터 성격이 명랑하고 적극적이어서 친구들에게 인기가 많았답니다. 하지만 아줌마가 옳다고 생각하는 일에는 뜻을 잘 굽히지 않아 어른들에게 고집 세다는 이야기를 듣기도 했어요.
　아줌마는 한국 외국어 대학교 4학년 때 평양에서 열린 '세계 청년 학생 축전'에 남녘의 대학생 대표로 참가했어요. 당시엔 남녘 사람이 북녘으로 가는 게 법으로 금지되어 있어 아줌마는 일본과 독일을 거쳐 평양으로 갈 수밖에 없었어요.
　그 곳에서 45일 동안 지내며 북녘의 여러 사람들을 만나 통일에 대해 많은 이야기를 나누었답니다. 요즘 남녘과 북녘 사람들이 만나면 손잡고 함께 부르는 '우리의 소원'이란 노래 여러분도 잘 알죠? 그 노래를 아줌마가 처음으로 북녘 사람들에게 가르쳐 주었어요. 아줌마 대단하죠? 호호호…….
　돌아올 때는 다른 나라들을 거치고 싶지 않아, 문규현 신부님과 함께 민간인 최초로 판문점을 통과해 내려왔어요. 아줌마가 이렇게 북녘에 다녀 온 것은 법을 어긴 행동이었기 때문에 3년 5개월 동안 옥살이를 해야 했지요. 감옥에서 나온 후 평화와 통일에 관련된 일을 하면서 공부를 계속해 언론학 박사 과정을 마쳤어요.
　아줌마에게는 소원이 하나 있어요. 뭐냐고요? 바로 우리 나라가 통일을 이루어 어린이 여러분이 통일 조국에서 행복하게 사는 거랍니다. 아줌마가 이 책을 쓴 것은 우리 어린이들과 함께 통일을 꿈꾸고 생각하는 자리를 만들고 싶었기 때문이에요. 그러니까 처음부터 끝까지 열심히 읽어 줘야 해요. 약속하는 거죠?

그린이 **박재동**

난 6·25 전쟁 중에 태어났지. 1952년이야. 어려서부터 그림을 좋아하고 잘 그려서 내 그림은 항상 교실 뒤 게시판에 붙었어. 주위 사람들에게 칭찬도 많이 받고, 나도 자부심을 가졌지.

만화를 나만큼 많이 본 사람은 별로 없을 거야. 나는 만화방 아들이었으니까. 이게 내 인생에 엄청난 영향을 주어 미술 대학을 졸업하고 미술 선생님도 했지만 결국 만화가가 되었지 뭐야.

근데 만화라는 게 얼마나 재밌고 신나는 일인지 몰라. 만화 그리는 일은 스토리 공부하고 그림도 잘 그리고 연출도 잘해야 되는 일이라 매우 어렵지만, 그만큼 더 하고 싶더군.

난 한겨레 신문에 시사 만화 '한겨레 그림판'이라는 것을 그렸지. 임수경 아줌마가 대학생 시절, 통일에 대한 뜨거운 가슴을 안고 북녘을 방문해서 감옥에 갇히기도 할 때야. 그 때 나는 신문 만화 그림으로 임수경 아줌마를 응원했지. 두려움 없이 북녘에 다녀 온 그 일이 얼마나 용기 있고 예뻐? 그게 인연이 되어 이 책의 삽화를 그리게 된 거야. 임수경 아줌마도 그 때 그 일 때문에 내 그림을 좋아하나 봐. 히히히. 근데 이번에 그린 그림은 어떨지 모르겠어. 여러분 잘 봐 줘요.

요즘 난 잘 나가던 시사 만화를 그만두고 애니메이션을 만들고 있어. 멋지게 만들어 여러분과 어른들에게 보여 주고 싶은데 그게 맘대로 잘 안 돼. 역시 공부가 모자라는구나 하는 생각이 절실해. 하지만 내가 해 보고 싶은 일이기 때문에 열심히 할 생각이야.

그럼 여러분도 이 책 읽고 좋은 꿈, 멋진 꿈 많이 꾸어 봐. 안녕.

추천사

어린이들 마음에 뿌리는 통일의 씨앗 되기를…

어린이 여러분!

한완상입니다. 여러분만한 손자를 두었으니 할아버지라고 해도 되겠지요? 할아버지는 우리 나라가 남과 북으로 갈라진 것이 가장 안타깝고 슬프답니다. 한 겨레끼리 죽이고 죽는 전쟁을 겪은 일은 물론 반세기가 넘도록 서로 총부리를 겨누고 있는 오늘의 현실이 안타깝고, 이러한 나라를 어린이들에게 물려 주는 것이 슬프고 부끄러울 뿐입니다.

할아버지는 안타까운 일이 또 있어요. 바로 분단이 만들어 놓은 반쪽짜리 제도와 문화 그리고 우리 나라 사람들의 반쪽짜리 생각과 마음입니다. 남녘만 해도 국민들의 소중한 권리를 옥죄는 제도를 만들어 많은 사람들이 감옥에 갇히고 죽기도 했어요. 자유롭고 창의적인 생각을 맘껏 펼치지도 못했고요. 남녘 사람들끼리 내가 옳으니 네가 그르니 하며 다투는 일도 많아요.

이렇게 한반도의 분단은 남북 간의 다툼은 물론, 남녘 안에서도 좋지 않은 영향을 주고 있어요. 이러한 문제들을 모두 해결할 수 있는 유일한 길이 평화 통일이지요. 그래서 가장 시급하기도 하고요.

그럼 통일을 위해서는 무엇이 필요할까요? 할아버지는 우선 반쪽짜리 생각과 비뚤어진 마음부터 올곧고 건강한 마음이 되도록 노력하는 자세가 필요하다고 생각해요. 서로 겨루기보다 손을 내밀고, 등을 돌리기보다 한 곳을 바라보고, 입을 꼭 다물기보다 마음을 터 놓고 이야기를 나누는 자세가 필요합니다. 그래야 반쪽짜리 제도와 문화도 통일할 수 있도록 바뀔 것이고, 마침내 우리 나라도 아름답게 하나가 되겠지요.

어린이 여러분이 태어나기도 전에 남녘 학생 대표로 북녘에 가서 통일을 외치던 어여쁜 학생이 임수경이에요. 분단의 찬 바람이 쌩쌩 불 때 남과 북에 따뜻한 통일의 바람을 불게 한 용기 있는 학생이지요. 그래서 우리는 임수경을 '통일의 꽃'이라 불러요. 그 학생이 이제 한 아이의 엄마가 되어 여러분에게 통일 이야기를 들려 준다니 이 할아버지는 박수를 쳐서 격려해 주고 싶군요.

할아버지는 이 책이 우리 어린이들 마음에 뿌리는 통일의 씨앗이 되기를 바랍니다. 어린이 여러분이 먼저 읽고 어머니, 아버지에게도 권해 보세요. 반쪽짜리 생각과 마음을 가진 어른들에게도 훌륭한 길잡이가 될 만하니까요. 할아버지의 소원도 여러분처럼 갈라진 우리나라가 어서 멋지게 하나가 되는 것이랍니다. 우리 어린이들이 어른이 되어서는 통일 조국에서 행복하게 살며 우리 문화를 더욱 아름답게 꽃피운다면 얼마나 가슴 벅차겠습니까. 이 할아버지는 그 날이 꼭 오리라고 굳게 믿어요.

2003년 8월
한완상(한성 대학교 총장, 전 통일 부총리 · 교육 부총리)

추천사

'통일의 꽃'이 삼천리 강산에 가득 피어나기를…

어린이 여러분 안녕하세요?

이 책을 쓴 임수경 씨는 지금 여러분 또래의 아이를 둔 어머니입니다. 왜 '지금'이라고 하냐면 임수경 씨가 대학생이던 시절, 우리 겨레의 통일을 앞당기기 위해 남녘 대학생을 대표해서 북녘에 갔을 때의 모습이 많은 사람들의 기억 속에 생생하게 남아 있기 때문입니다.

1989년 6월 30일, 여리고 어여쁜 여학생 한 명이 대학생 단체를 대표해서 평양에 갔다는 소식이 남녘 사회를 흔들었습니다. 서울에서 자동차로 한나절이면 갈 수 있는 평양을, 지구를 반 바퀴 돌아서 갔다는 것입니다. 지금은 아침저녁으로 휴전선을 넘나들면서 남북이 회의를 할 수 있는 길을 그 때는 일본과 독일을 거쳐서 간 것입니다. 그것도 목숨을 거는 용기를 냈기 때문에 가능한 일이었습니다. 북녘에 간 임수경 씨는 8월 15일 휴전선을 넘어서 돌아오는 날까지 이곳저곳을 돌아다니면서 우리 겨레가 통일을 해야 한다는 남녘 사람들의 소원을 마음껏 이야기하고, 북녘 사람들의 이야기를 들었습니다.

그 때 겨레의 통일을 바라는 남북의 모든 사람들은 임수경 씨를 '통일의 꽃'이라 불렀습니다. 임수경 씨는 정말 아름다운 '통일의 꽃'으로 조금도 손색이 없었습니다. 그리고 임수경 씨는 돌아오는 길에 그 동안 아무도 해 내지 못한 일을 했습니다. 바로 휴전선을 걸어서 건너온 것입니다. 문규현 신부님과 손잡고 판문점 군사 분계선을 넘어오는 모습을 보고 많은 사람들이 감격의 눈물을 흘렸습니다.

하지만 임수경 씨는 북녘에 가면 안 된다는 법을 어겼기 때문에 3년 5개월 동안 감옥에 갇혔습니다. 그 뒤 여러 가지 일을 했고 이제 한 아이의 어머니가 되어 여러분 앞에 우리가 통일해야 하는 까닭을 속삭이는 책을 썼습니다.

나는 25년 동안 여러분과 같은 초등 학생들을 가르쳐 왔으며, 어린이들부터 마음에 통일을 소망하는 씨앗을 심어야 우리 겨레가 평화롭게 살아갈 내일을 만들 수 있다고 믿습니다. 그런데 북녘이 큰물과 가뭄으로 어려워져서 통일하면 북을 도와 주기 위해 우리들이 세금을 더 많이 내야 하니까 안 된다는 이야기를 하는 어른들이 생겨 안타까웠습니다. 또 그런 어른들처럼 통일을 하면 우리가 가진 것을 나눠 줘야 하니까 안 된다는 말을 하는 어린이들을 보고 슬펐습니다. 어려운 이웃을 도와 주는 건 너무나 당연한 일인데 말입니다. 남북이 모두 같은 말과 같은 글을 쓰는 한 핏줄, 한 형제인데 어려울 때 서로 도와야지요. 그리고 이제 더는 싸우지 말고 사이좋게 살아야지요.

『참 좋다! 통일 세상』에는 이런 마음이 잘 나타나 있습니다. 임수경 씨는 여러분과 같은 어린이의 어머니라고 했지요? 어느 어머니가 자기 자식이 어려워지기를 바라겠어요. 통일하고 나서 우리 겨레가 더 못 살게 된다면 임수경 씨가 통일하자고 하겠어요?

이 책을 읽으면서 조금만 더 깊이 생각해 보세요. 우리 겨레가 통일하면 더 잘 살게 된다는 걸 금방 알 수 있을 거예요. 아니 오히려 통일을 하지 못하면 우리 겨레는 21세기를 살아 내기가 정말 어려울 수 있습니다. 통일이 되어 남북이 손잡고 힘을 합할 때 21세기를 잘 살아갈 길을 만들 수 있는 것입니다.

그런 길은 그냥 생기는 것이 아닙니다. 임수경 아줌마처럼 내일을 우리 손으로 만들 수 있다는 신념을 가지고 용기 있는 사람들이 많아질 때 가능한 것입니다.

'통일 세상은 누가 만들어 가나요? 바로 여러분들이에요. 여러분이 통일 세대랍니다. 세상에서 가장 아름답고 가장 자랑스러운 통일 세대!'

임수경 씨가 이 책 맨 끝에 쓴 글입니다. 바로 이 책을 써서 여러분한테 해 주고 싶은 말, '통일의 꽃' 임수경 씨가 '통일 세대의 어머니'로 돌아와 여러분에게 꼭 들려 주고 싶은 말이라고 생각합니다.

어린이 여러분, 이 책을 천천히 생각하면서 읽으세요. 그래서 여러분이 어른이 되었을 때 남과 북이 평화롭게 살아갈 세상을 만들 수 있는 '평화의 씨앗'을 마음 속에 꼭꼭 심어서 정성껏 가꾸기 바랍니다. 더욱 아름다운 '통일의 꽃'이 삼천리 강산에 가득 피어나기를 바랍니다.

2003년 8월
이주영(서울 삼전 초등 학교 교사, 어린이 도서 연구회 이사장)

추천사

평화와 통일을 가르쳐 주는
소중한 이야기

　임수경은 참 솔직하고 유쾌한 친구이자 동지입니다.
　1989년 임수경이 처음 평양에 발을 디뎠을 때는 지금과 사뭇 달랐습니다. 금강산은 꿈에서나 볼 수 있는 노랫말 속의 전설이었고, 평양은 철의 장막으로 둘러싸인 수수께끼 같은 도시였습니다. 심지어 북녘 사람들은 머리 위에 빨간 뿔이 솟은 도깨비라고 생각하는 사람도 있었습니다. 당사자인 임수경조차도 "참 어렵고 두려운 결정이었다"고 고백합니다.
　그렇게 어려운 발걸음 뒤에 10여 년의 세월이 흘렀습니다. 임수경이 지구를 반 바퀴 돌아 도착한 그 자리는 지난 2000년 김대중 전 대통령이 김정일 국방 위원장을 처음 만나 악수하던 바로 그 곳이었고, 꿈에서 보던 금강산은 마음만 먹으면 찾아 갈 수 있는 좋은 여행지가 되었습니다. 평양 옥류관의 냉면은 또 어떤가요? 맛본 사람들이 하도 많아 이젠 자랑거리도 안 되잖아요.

이런 날을 위해 친구 임수경은 오랜 시간 옥고를 치러야 했습니다. 그 시간 동안 임수경은 '통일의 꽃'으로 불렸습니다. 평양에 갔을 때 솔직하고 거침없는 행동과 조국의 통일을 노래하던 모습이 공개되었기 때문입니다. 백두산에서 판문점까지 통일을 기원하는 행진을 하고, 판문점에서 "내가 태어난 내 조국으로 귀환하겠다"며 단식을 한 끝에 분단 이후 처음으로 판문점 군사 분계선을 걸어서 넘어온 민간인 임수경. 웬만한 용기와 통일에 대한 열정 없이는 불가능했을 그 때의 모습을 떠올리면 지금도 가슴이 뭉클합니다.

친구 임수경은 이제 아줌마가 되었습니다. 임수경 아줌마에게는 재형이라는 잘생기고 똘똘한 아들이 있습니다. 재형이는 참 행복한 아이입니다. 엄마의 그 자랑스러운 모습을 두고두고 들을 수 있기 때문입니다.

『참 좋다! 통일 세상』을 한 장 한 장 넘기면서 저조차도 모르던 북녘에 대한 여러 가지 사실들에 놀라는 것은 둘째였습니다. 쉽게 풀어 쓴 글 솜씨에 대한 칭찬도 오히려 그 다음이었습니다. 가장 가슴에 남는 것은 행복함이었습니다. '재형이가 느낄 법한 행복을 더 많은 아이들에게 나누어 주는구나' 하는 기분 좋은 느낌이 어느 새 가슴을 채웠습니다.

　임수경 아줌마는 이 책에서 힘주어 말합니다. '통일은 마음을 여는 일부터 시작합니다'. 임수경 아줌마부터 마음을 열고, 깊은 곳에 있는 이야기 보따리를 풀어 냈습니다. 재형이에게, 그리고 우리 아이들에게 평화와 통일을 가르치는 소중한 이야기를 말입니다.

2003년 8월
임종석(국회의원, 전국 대학생 대표자 협의회 3기 의장)

머리말

애초부터 길이던 곳은
아무 데도 없습니다

올해 재형이가 초등 학교에 들어갔습니다. 단발머리 대학생으로 세상에 기억되던 제가 어느덧 학부형이 된 것이지요.

재형이의 꿈은 철도 기관사입니다. 경의선을 타고 평양, 신의주를 거쳐 대륙을 지나 유럽의 어느 작은 정류장에 도착하는 기차 여행을 꿈꿉니다. 지난 해 제가 다시금 평양을 방문하게 되었을 때, 재형이는 무척이나 따라 가고 싶어했습니다.

"엄마, 어린이들은 왜 평양에 갈 수 없어? 난 너무 가 보고 싶은데……."

"왜 옛날에는 평양에 갈 수 없었는데 지금은 갈 수 있어? 왜?"

재형이는 이런 질문도 했습니다.

"엄마, 노무현 대통령 님도 김대중 할아버지처럼 김정일 할아버지를 만나고 싶어할까?"

　재형이의 머릿속에는 남과 북의 정치 지도자들이 그저 할아버지입니다. 아이의 마음 속에는 분단이니, 철조망이니, 반북 의식은 아예 존재하지도 않는 것입니다.

　재형이와 동갑내기인 조카 성표는 수의를 입고 포승에 묶여 있는 저의 옛날 사진을 보며 물었습니다.

　"이모, 왜 경찰이 이모를 잡아갔어요? 이모가 나쁜 사람이었어요? 이모는 나쁜 사람 아닌데……. 그럼 경찰이 나쁜 사람이에요?"

　아이들이 갖고 있는 그 많은 혼란들, 질문들에 어느 하나 시원하게 대답해 주지 못한 저는 답답함을 느꼈습니다. 자라면서 그 혼란과 질문들은 더해 갈 텐데, 아이들이 분단과 철조망을 직접 경험하도록 내버려 둘 수는 없었습니다.

　이 책은 그렇게 시작되었습니다. 너무나 많은 궁금증을 갖고 있는 재형이와 성표에게, 또 이 아이들의 친구들에게, 이 땅에서 태어나 세상을 이끌어 나갈 어린이들에게 제가 그 동안 소중하게 가져 온 통일의 바람들을 조금이나마 전하고 싶었습니다.

　이 책이 나오기까지 많은 분들의 도움이 있었습니다. 박재동 화백께서는 바쁘신 작업 일정 중에도 선뜻 그림을 그려 주셨습니다. 또 그 간 통일을 함께 꿈꾸고 실천해 온 여러 선후배, 동료들이 글의 아이디어를 모아 주셨습니다. 이 책을 기획하고 1년이 넘는 시간 동안 지켜 봐 주신 황소걸음의 정우진 선배님, 지속적으로 용기를 북돋워 주신 노태훈 선배님, 원고의 미진한 부분을 꼼꼼히 지적해 주신 한창민 선배님, 묵묵히 작업을 함께 해 준 손홍규 님께 감사의 인사를 전합니다. 우리 시대에 어린이들에 대한 통일 교육이 무엇보다도 중요하다며 흔쾌히 추천사를 써 주신 한완상 총장님과 이주영 선생님, 그리고 나의 벗 임종석 의원께도 진심으로 감사를 드립니다.

제 마음 속에, 더불어 많은 이들의 마음 속에 북한산 인수봉처럼 커다란 모습으로 남아 계신 문익환 목사님을 기억합니다. 그 분이 북녘 땅에 처음 도착하셨을 때 인용하신 서산대사의 선시를 함께 나누고 싶습니다.

    내가 걷는 눈 덮인 들판길(踏雪野中去)
    조심하여 헛밟지 말지어다(不須胡亂行)
    오늘 걷는 이 발자국(今日我行跡)
    뒤에 오는 이의 표지가 될 것이니(遂作後人程)

판문점을 통해 남과 북을 넘나드는 사람이 제법 많아졌습니다. 1989년 8월 15일, 문규현 신부님과 함께 민간인 최초로 판문점을 통해 돌아온 그 시절과 달리 이제는 판문점을 통해 왕래하는 것을 보며 예전처럼 놀라는 사람도 관심을 갖는 사람도 없는 듯합니다. 그만큼 그 길이 넓어지고 닦였다는 의미겠지요.

　애초부터 길이던 곳은 아무 데도 없습니다. 사람들의 필요에 의해서, 눈 덮인 곳이건 가시덤불이건 한 사람 두 사람씩 지나다 보면 길이 생깁니다. 그리고 계속 그 길은 넓어지고, 포장이 되고, 탄탄대로가 되는 것입니다. 물론 판문점을 통한 길은 지금도 완전히 열리지 않았지만, 아무도 왕래할 수 없던 시절에 비하면 아주 넓은 길이 되었습니다. 저는 그 길이 남과 북에 살고 있는 모든 사람에게 하루빨리 활짝 열리길 소망합니다.

2003년 8월
임수경

차례

추천사 한완상 • 어린이들 마음에 뿌리는 통일의 씨앗 되기를…
　　　　 이주영 • '통일의 꽃' 이 삼천리 강산에 가득 피어나기를…
　　　　 임종석 • 평화와 통일을 가르쳐 주는 소중한 이야기

머리말 애초부터 길이던 곳은 아무 데도 없습니다

북한 사람들은 왜 우리 나라를 남조선이라고 하지요?	23
북녘 사람들도 우리처럼 통일을 하고 싶어하나요?	30
우리 나라가 통일하면 민주주의로 하나요, 공산주의로 하나요?	38
우리는 왜 분단되었나요?	45
다른 나라들은 어떻게 통일을 했나요?	51
우리도 독일처럼 통일할 수는 없나요?	58
우리 민족이 자주적으로 통일하자는 건 무슨 뜻이에요?	66
통일하는 데 돈이 그렇게 많이 들어요? 그럼 우리는 가난해지지 않나요?	74

북녘은 왜 그렇게 못 살아요? 81
북녘은 국방비를 왜 그렇게 많이 쓰나요? 88
남과 북이 서해에서 왜 자꾸 싸우나요? 95
북녘에도 입시 지옥이 있나요? 102
우리가 모르는 북녘 말이 왜 그렇게 많지요? 108
북녘 사람들은 어떤 옷을 입나요? 114
북녘 어린이들은 무엇을 하며 놀아요? 121
북녘 어린이들도 심청이를 알고 있나요? 129
북녘 아이들도 만화 영화를 보나요? 137
북녘 아이들도 명절이 되면 고향에 가나요? 145
통일하면 무엇이 달라지나요? 152
참 좋다! 통일 세상 160

임수경 아줌마의 통일 이야기 1

북한 사람들은 왜 우리 나라를 남조선이라고 하지요?

어린이 여러분, 2002년 한일 월드컵 하면 제일 먼저 무엇이 떠오르나요? 우리 나라와 이탈리아의 경기에서 안정환 선수가 골든 골을 넣고 반지에 뽀뽀하는 모습이 떠오른다고요? 또 히딩크 감독이 생각난다고요? 아줌마는 우리 나라 선수들이 경기를 할 때 붉은 악마 옷을 입고 광화문에 나가서 많은 사람들과 함께 '대~한 민국 짝짝 짝 짝짝' 하면서 응원한 게 제일 먼저 떠올라요. 그 때 얼마나 열심히 응원을 했는지 손바닥이 붓고 목이 다 쉬었어요.

어린이 여러분도 그랬지요? 지금 생각해도 너무 신나는 일이에요. 그 장면이 제일 먼저 떠오르는 까닭은 신이 나서 그렇기도 하지만, 태어나서 그 때만큼 우리 나라 이름을 목청껏 그리고 많이 불러 본 적이 없기 때문인 것 같아요. 아줌마는 지금도 그 때 생각을 하면 가슴이 뭉클하답니다.

그래요. 우리 나라의 이름은 대한 민국이에요. 줄여서 한국이라고도 하지요. 그래서 우리는 흔히 남과 북을 '남한', '북한'이라고 불러요. '남한'은 '남쪽에 있는 대한 민국'이라는 뜻이고, '북한'은 '북쪽에 있는 대한 민국'이라는 뜻이지요. 그럼 북에서 부르는 나라 이름은 무엇일까요? '조선 민주주의 인민 공화국'이랍니다. 줄여서 '조선'이라고 해요. 그래서 북쪽 사람들은 남쪽을 '남조선'이라고 부릅니다. '남쪽에 있는 조선 민주주의 인민 공화국'이란 뜻이겠지요. 그런데 어린이 여러분, 북쪽 사람이 우리를 남조선 사람이라고 부르면 어색하고 싫지요? 아마 북쪽 사람들도 우리가 북한 사람이라고 부르는 것을 싫어할 거예요.

친구 사이에도 서로 싫어하는 별명을 자꾸 부른다면 절대 친해질 수 없어요. 여러분 중에도 다른 친구에게 이상한 별명을 붙여서 부르는 어린이가 있을 거예요. 예를 들면, 동구라는 이름을 가진 친구를 똥꼬라고 부른다든지, 키가 작은 친구를 땅꼬마라고 부르는 어린이 말이에요. 여러분은 그런 친구와 친하게 지낼 수 있어요?

아줌마도 초등 학교 다닐 때 별명이 있었어요. 무엇일까요? 알아맞혀 보세요. 아줌마 별명은 인절미하고 벌렁코였어요. 친구들이 아줌마를 이렇게 부를 땐 얼마나 창피하고 싫었는지 몰라요. 인절미는 그렇다 쳐도 아줌마의 최대 약점인 커다란 콧구멍을 가지고 벌렁코라고 부르는 친구는 정말 밉고 싫었어요. 그래서 아줌마도 지렁이, 납작코, 큰 바위 얼굴, 저팔계 등 더 괴상한 별명을 붙여 약 올리다가 싸우기도 했어요. 이렇게 서로 싫어하는 별명을 붙여 자꾸 부르면 그 친구와 친하게 지낼 수 없을 거예요.

어린이 여러분, '괴뢰'란 말 들어 봤어요? 아마 못 들어 봤을 거예요. 그런데 아줌마가 여러분처럼 어렸을 때는 귀에 못이 박이도록 듣던 말이에요. 괴뢰는 '자기 뜻과 상관없이 남이 하라는 대로 움직이는 꼭두각시'란 뜻이에요. 2000년 6월에 김대중 전 대통령 할아버지가 평양에 가서서 김정일 국방 위원장 할아버지를 만난 남북 정상 회담이 열리기 전만

해도 남과 북은 서로 '북괴', '남괴'라고 부르며 으르렁거렸어요. '북괴'는 '북쪽에 있는 괴뢰 집단'을 줄여서 부르는 말이고, '남괴'는 '남쪽에 있는 괴뢰 집단'을 줄여서 부르는 말이지요. 이젠 그렇게까지 부르지는 않아요. 그 때를 생각하면 '북한'이나 '남조선'이라고 부르는 것만 해도 많이 나아진 거지요. 하지만 아직도 많이 부족하다는 생각이 들어요. 서로 싫어하는 이름을 부르면서 평화 통일을 얘기하는 건 쉽지 않을 테니까요.

여러분이 사용하는 크레파스 중에서 '살색'이라고 쓰인 것을 본 적이 있나요? 있을 거예요. 그러나 이젠 볼 수 없어요. 2005년 7월부터 살색이라는 표현 대신 '살구색'이라고 쓰기로 했거든요. 왜냐 하면 살구색은 우리 황인종의 살색이기 때문이에요. 흑인종은 검은색이 살색이고, 백인종은 흰색이 살색이잖아요. 우리가 살구색을 살색이라고 계속 우기면, 피부색이 다른 사람들이 화를 내거나 손가락질할지도 몰라요. 다른 인종들을 무시하고 자기 생각밖에 할 줄 모른다고 여길 테니까요. 백인종이 흰색을 살색이라고 우기면, 우리도 화가 나고 자기 생각만 한다고 느낄 거예요.

이렇게 크레파스 색깔 하나에도 뜻을 헤아려 이름을 짓는데, 하물며 통일을 해야 하는 남과 북이 서로 자기 생각만 주장하는 이름을 불러서야 되겠어요? 우리는 지금부터라도 그렇게 부르지 말았으면 좋겠어요.

그럼 남과 북이 서로 어떻게 부르는 것이 좋을까요?

영어로 우리 나라를 코리아(Korea)라고 하는 건 어린이 여러분도 다 알지요? 우리 나라가 고려 시대 때 서양에 알려졌는데, 고려를 서양 사람들이 코리아라고 불러서 그렇게 된 거예요. 그래서 서양 사람들은 대한 민국을 사우스 코리아(South Korea)라고 부르고, 조선 민주주의 인민 공화국을 노스 코리아(North Korea)라고 부릅니다. 그렇다고 우리도 서양 사람들처럼 '사우스 코리아', '노스 코리아'라고 부를 수는 없어요.

지금은 나누어져서 구분 지을 수밖에 없지만, 남과 북이 다른 나라가 아니라는 뜻이 담기면서도 서로 존중하는 말이 좋겠어요. 아줌마 생각에는 '남녘', '북녘' 이렇게 불렀으면 해요. '남녘', '북녘'을 '남쪽', '북쪽'이라고 쓸 수도 있겠지요. '녘'이라는 말과 '쪽'이라는 말은 둘 다 예쁜 우리말이고, 뜻도 거의 비슷하잖아요. 다만 '녘'이 '쪽'보다 쓰는 범위가 좁다고 하네요. 평소 '쪽' 이라는 말은 자주 쓰는데, '녘' 이라는 말은 잘 안 쓰지요? 이 기회에 예쁜 우리말 '녘'을 쓰면 좋을 것 같아요.

남과 북은 모두 단군 할아버지의 자손인 한 겨레며, 원래 한 나라예요. 그런 뜻과 지금은 잠시 갈라졌지만 꼭 다시 하나가 되어야 한다는 뜻을 담아, 서로 남녘, 북녘이라고 부르는 것이 좋겠다는 생각이 드네요. 그러면 자기 생각만 주장하는 이름으로 부르지도 않고, 서로 존중할 수도 있잖아요. 어때요, 어린이 여러분도 좋아요? 북녘 어린이들도 좋아하겠지요?

별것도 아닌 걸 가지고 따진다고 생각하는 어린이도 있을지 모르겠네요. 하지만 이렇게 작은 것부터 남녘과 북녘이 서로 존중하고 이해하려 할 때 믿음이 생긴답니다. 믿음이 있어야 마음을 열고 한 발 한 발 다가가 마침내 통일할 수 있을 거예요.

임수경 아줌마의 **통일** 이야기 2

북녘 사람들도 우리처럼 통일을 하고 싶어하나요?

여러분은 통일을 얼마만큼 바라고 있나요?
통일을 해야 한다고 이야기하는 어른들의 말이 가슴에 와
닿는 친구들이 있나요? 아마 여러분은 통일의 절실함을
느끼지 못할 수도 있을 거예요. '통일이 되건 말건 나랑 무슨
상관이야?' 이렇게 생각한다면 통일이 남의 일처럼
여겨지겠지요. 하지만 통일이 정말 우리와 상관없는 남의
일일까요?

　어린이 여러분, IMF라는 말 들어 봤지요? 우리는

1997년에 외화가 부족해서 국제 통화 기금(IMF)의 돈을 빌려 쓸 수밖에 없었어요. 일명 IMF 시대가 된 거지요. 처음에는 남의 일인 것만 같았어요. 많은 사람들이 '정부가 가지고 있는 외화가 부족해서 빌려 쓴 거겠지', '나와는 별로 상관이 없겠지'······ 그렇게 생각했답니다.

하지만 시간이 지나면서 우리 국민 모두 IMF 시대의 어려움을 피부로 느꼈어요. 다니던 직장에서 쫓겨 난 사람들이 스스로 목숨을 끊거나 노숙자가 되어 거리를 헤매는 모습이 자주 눈에 띄었어요. 그렇게 집안의 가장들이 무너지자, 형편이 어려워져서 학교에 다니기 힘든 학생들도 생겨났지요. 대학을 졸업한 언니, 오빠들은 일자리를 구하지 못해 발을 동동 굴렀고, 물가는 계속 오르기만 했어요. 많은 회사가 문을 닫았고, 많은 사람들이 직장을 잃었어요. 이렇게 나라 전체에 관련된 일이 벌어지면 그 나라 국민은 모두 직접 영향을 받습니다.

그렇다면 우리 민족의 통일 문제는 어떨까요? 조금만 관심을 갖고 주위를 둘러보면 남녘과 북녘이 갈라졌기 때문에 우리가 겪어야 할 일이 아주 많아요. 여러분의 삼촌이 군대에 가는 것도 우리 나라가 분단되었기 때문이고, 여러분의 부모님이 내는 세금 중 많은 부분을 국방비로 쓰는 것도 분단 때문이랍니다.

그리고 분단으로 무척 고통 받는 사람들이 있어요. 누구일까요? 그래요, 이산 가족이에요. 6·25 전쟁을 치르는 동안 남녘과 북녘으로 뿔뿔이 흩어진 가족이 많아요. 그런데 전쟁이 끝난 뒤 휴전선이 생겼고, 그 휴전선을 사이에 두고 남과 북의 군인들이 서로 총을 겨눴어요. 아무도 휴전선을 넘어 북녘으로 갈 수도, 남녘으로 올 수도 없게 된 거지요. 그렇게 가족과 헤어져서 만날 수 없는 사람들이 바로 이산 가족이에요.

어린이 여러분이 부모님과 헤어져서 만날 수 없다고 생각해 보세요. 엄마, 아빠가 많이 보고 싶고 슬프겠지요? 엄마, 아빠의 마음은 어떨까요? 아마 여러분보다 더 슬프고, 더 보고 싶어하실 거예요. 이제 이산 가족의 마음을 조금이라도 알 것 같아요? 이산 가족은 그런 아픔을 지닌 채 수십 년을 지내 왔어요. 지난 2000년에 열린 남북 정상 회담에서 남녘의 김대중 전 대통령 할아버지와 북녘의 김정일 국방 위원장 할아버지는 이산 가족이 만날 수 있게 하자고 약속했어요. 그러나 그렇게 만날 수 있는 이산 가족의 수는 많지 않아요. 왜냐 하면 우리가 분단되어 있다 보니 이산 가족이 만나는 데도 여러 가지 절차를 거쳐야 하거든요. 한꺼번에 많은 사람들이 만날 수도 없어요. 한 번에 수백 명씩 만나는데, 이런 식으로 이산 가족이 다 만나려면 수백 년이 걸린답니다. 그건 곧 영영 만나지 못한다는 얘기와 마찬가지예요. 그렇게 오랜 시간이 지나면 만나야 할 분들이 다 돌아가실 테니까요. 지금까지도 헤어진 가족을 만나지 못한 채 돌아가신 분들이 아주 많아요. 하루빨리 통일이 되어 이산 가족이 만나서 함께 살 수 있으면 좋겠어요.

    우리가 전쟁이 없는 평화로운 세상에서 살기 위해서라도 반드시 통일을 해야 해요. 지금 남녘과 북녘은 평화 협정이 아닌 휴전 협정 상태예요. 휴전 협정이란 전쟁을 하던 나라끼리 잠시 전쟁을 멈추자고 약속한 거지요. 이건 곧 언제라도 다시 전쟁을 할 수 있다는 뜻이에요. 잠시 전쟁을 멈춘 것이기 때문에 어느 쪽이든 다시 전쟁을 시작할 수도 있거든요.

    평화 협정이란 전쟁을 하던 나라끼리 다시는 싸우지 말자고 약속한 거예요. 만약 어느 나라가 약속을 어기고 전쟁을 일으킨다면 국제법을 어기는 거지요. 그렇게 되면 세계의 모든 나라들이 약속을 어긴 나라를 손가락질하고 힘을 합쳐 혼내 줄 거예요. 이제 휴전 협정과 평화 협정이 어떻게 다른지 잘 알겠지요?

이처럼 한반도는 언제든 전쟁이 다시 일어날 수 있는 불안한 상황이에요. 만에 하나 남녘과 북녘 간에 다시 전쟁이 일어난다면, 6·25 전쟁과는 비교도 할 수 없을 거예요. 아마 우리 민족이 이 지구에서 사라질지도 몰라요. 너무나 끔찍해서 생각하기도 싫어요. 우리는 한시라도 빨리 평화 협정을 맺어야 해요. 그러고 나서 차근차근 평화 통일을 위해 노력해야지요.

이제 우리가 왜 하루빨리 통일을 해야 하는지 알겠어요? 아직도 '통일이 나랑 무슨 상관이야' 하는 어린이는 없겠지요?

그런데 한 가지 의문이 있다고요? 아하, 북녘 사람들도 우리처럼 진심으로 통일을 원하는지 궁금하다는 말이군요. 아줌마가 대학생일 때 평양에 가서 겪은 일을 얘기해 줄게요. 고려 호텔에서 머무를 때 어떤 할머니가 찾아오셨어요. 아줌마는 그 할머니를 만나지는 못했어요. 나중에 얘기를 들어 보니, 평안도에 사는 할머니가 집에 보물처럼 모셔 둔

임수경 아줌마가 평양에 갔을 때 실제로는 할머니를 만나지 못했지만, 박재동 화백님이 만난 것이나 다름없다고 여겨 이렇게 그린 거랍니다.

꿀단지를 들고 아줌마를 만나러 오신 거였어요. 남녘의 대학생이 통일을 위해 북녘에 왔다니까 만나고 싶고, 보고 싶어서 무작정 찾아오셨대요. 할머니는 연세가 많아 몸도 불편했지만, 통일을 바라는 마음 하나로 그 먼 길을 달려오신 거예요. 아줌마는 그 할머니를 만나 보지 못한 게 두고두고 아쉬워요.

이야기 하나 더 해 줄게요. 그 때 아줌마는 백두산에서 판문점까지 통일을 염원하는 행진을 했는데, 거기에 북녘의 학생들도 있었어요. 함께 행진을 하면서 많은 이야기를 나누었는데 그들도 조국의 평화 통일에 대한 관심이 아줌마 못지않다는 걸 느꼈어요. 판문점에서 통일을 위해 남과 북이 더 노력하라는 단식을 할 때도 북녘의 학생들은 아줌마와 함께 했답니다.

이렇듯 북녘 사람들도 통일을 간절히 바라고 있어요. 통일은 남녘 사람들의 힘만으로 할 수 있는 게 아니랍니다. 마찬가지로 북녘 사람들의 힘만으로도 할 수 없어요. 남과 북, 그리고 해외에 있는 우리 민족이 하나가 될 때 통일을 이룰 수 있어요. 다행인 것은 남녘과 북녘, 해외의 동포 모두 통일을 간절히 바라고 있다는 사실이에요. 혹시라도 우리만 통일의 날을 기다리는 건 아닐까 걱정하는 어린이가 있다면 이제 마음 푹 놓아도 된답니다. 우리는 외롭지 않아요. 우리와 똑같이 통일을 위해 노력하는 북녘과 해외의 동포들이 있으니까요.

임수경 아줌마의 **통일** 이야기 3

우리 나라가 통일하면
민주주의로 하나요,
공산주의로 하나요?

여러분도 북녘은 공산주의 체제고, 남녘은 민주주의 체제라고 알고 있나요? 그래서 우리 나라가 통일하면 민주주의로 할지 공산주의로 할지 궁금한가요? 하긴 어른 중에도 그런 분들이 있어요. 하지만 이런 구분은 올바르지 못하답니다.

아줌마가 앞서 얘기했듯이 남녘의 이름은 '대한 민국'이고, 북녘의 이름은 '조선 민주주의 인민 공화국'이에요. 북녘의 이름에 '민주주의'가 들어가서 이상하다고요? 이상할 게 없어요. 우리 헌법에 '대한 민국은 민주주의 국가'라고 되어 있는 것처럼 북녘의 헌법에도 그렇게 써 있답니다. 남녘과 북녘 모두 민주주의 국가라고 정해 놓은 것이지요.

그럼 민주주의의 반대는 무엇일까요? '모든 국민이 나라의 주인인 정치 형태'가 민주주의라면, 그 반대는 '특정한 개인이 나라의 주인인 정치 형태'를 말하겠지요? 그런 정치 형태를 '전제주의'라고 해요.

남녘과 북녘은 어떻게 다를까요? 굳이 구분한다면, 남녘은 자본주의 체제고 북녘은 공산주의 체제라고 해야 올바른 표현이에요. 민주주의와 전제주의가 정치 형태를 나타내는 것이라면, 자본주의와 공산주의는 경제 형태를 나타내는 거예요. 그러니까 남녘과 북녘은 경제 형태가 다르다는 말이지요.

자본주의와 공산주의는 어떻게 다를까요? 여러분이 더 크면 자세히 공부할 거예요. 대신 아줌마가 옛날 이야기를 들려 줄게요.

옛날 어느 마을에 농사를 지으며 사는 형제가 있었어요. 아버지가 돌아가시면서 형에게는 논을 스무 마지기 물려

주시고, 동생에게는 열 마지기만 물려 주셨어요.

이른 봄부터 형제는 아버지에게 물려 받은 논을 갈고 볍씨를 뿌렸어요. 무더운 여름에도 쉬지 않고 일을 했어요. 형은 동생보다 더 열심히 일했어요. 논이 두 배나 많으니 당연히 그래야 했지요. 가을이 되자 형은 쌀 스무 가마니를 거둬들였고, 동생은 열 가마니를 거둬들였어요. 형은 식구들이 먹을 쌀 열 가마니만 곳간에 쌓아 두고, 나머지 열 가마니로 논 한 마지기를 샀어요. 그러나 동생은 쌀 열 가마니를 식구들이 먹고사는 데 다 써서 논을 살 수 없었어요.

그렇게 십 년이 흘렀어요. 형은 그 사이 논이 열다섯 마지기가 늘어 모두 서른다섯 마지기나 되었어요. 형은 정말 열심히 일했어요. 논이 늘어나는 재미에 힘든 줄도 몰랐지요. 십 년이 더 지나자 쉰 마지기가 늘어 형의 논은 이제 여든다섯 마지기나 되었어요. 논이 너무 많아지자 일꾼들을 두었어요. 형은 손에 흙 한 번 묻히지 않아도 점점 부자가 되었어요.

그 동안 동생은 어떻게 살았냐고요? 동생도 형처럼 열심히 일을 했지만, 점점 가난해졌어요. 왜냐 하면 한 해 농사 지어 그 해 먹고 살기 바빴는데, 어느 해 몸이 아파 약값을 치르느라 빚을 졌거든요. 그 빚을 갚으려면 논을 팔 수밖에 없었어요. 나중에는 형네 집에서 머슴을 사는 처지가 되고 말았답니다.

그 마을엔 다른 형제도 살았어요. 이 형제의 아버지는 돌아가실 때 논을 나누지 말고 함께 농사지은 다음 똑같이 나누어 먹고 살라는 유언을 남기셨답니다. 그래서 형제는 논 서른 마지기에 함께 농사를 지었어요. 처음에는 이 형제도 열심히 일해서 가을에 쌀 서른 가마니를 거두었어요. 그렇게 거둔 쌀을 열다섯 가마니씩 나눠 가졌지요. 일 년을 먹고 살고도 쌀이 다섯 가마니나 남자, 그 이듬해에는 아무래도 전처럼 열심히 일을 하지 않았어요. 그러자 그 해에는 쌀 스무 가마니를 거두었지만, 먹고 사는 데는 문제가 없었어요.

그러던 어느 해, 동생이 병이 나서 앓아 눕는 바람에 형 혼자 서른 마지기 농사를 다 지었지요. 가을이 되어서는 동생과 똑같이 쌀 열 가마니씩 나눠 가졌어요. 동생은 형에게 미안하기도 하고 고맙기도 했어요. 그런데 그 이듬해가 되어도 몸이 낫지 않아 농사를 짓지 못했어요. 하지만 형이 약값도 주고 일도 다 해 줘서 걱정이 없었지요. 형은 동생이 아파 일을 못 하는 게 이해는 가지만 억울했어요. 혼자 일을 하려니 힘도 들고 일할 맛도 나지 않았어요. 결국 그 해

가을에는 쌀을 열여덟 가마니밖에 거두지 못했어요. 형은
동생과 아홉 가마니씩 나눠 가졌어요. 처음 농사를 지었을
때보다 수확이 적어진 것이지요.

　별로 재미는 없지만, 자본주의와 공산주의의 특징이 잘
나타날 수 있게 아줌마가 이야기를 꾸며 봤어요. 자본주의와
공산주의의 다른 점이 무엇인지, 그리고 장점과 단점이
무엇인지 이제 조금 이해할 수 있겠죠?
　한 마디로 말하면 자본주의는 '생산 수단(자본)을 개인이
갖고, 그것을 이용하여 번 돈을 개인이 갖는 경제 형태'고,
공산주의는 '생산 수단을 나라가 갖고, 그것을 이용하여 번
돈을 모든 국민이 나누어 갖는 경제 형태'예요. 그러다 보니
자본주의 체제에서는 개인의 자유를 중요하게 생각하고,
공산주의 체제에서는 경제적인 평등을 중요하게
생각한답니다. 그러나 자본주의 체제에서는 부자와 가난한
사람의 격차가 점점 심해지는 것이 문제고, 공산주의
체제에서는 전체적으로 풍요롭지 못한 것이 문제였답니다.
그래서 지금은 어느 한 체제만 고집하기보다 두 체제의
장점을 살리려는 나라들이 많아요.

우리 나라가 통일하면 어떤 체제가 되어야 할까요? 두말 할 것도 없이 민주주의 체제가 좋겠지요. 국민이 주인 되는 나라여야 해요. 그렇다면 경제 체제는 어떻게 해야 할까요? 유럽의 선진국들을 본보기로 삼는다면 어떨까요? 북녘과 남녘의 장점을 합치는 거예요. 모든 사람들이 자유롭게 경제 활동에 참여하면서도 부의 분배가 공정하다면 좋겠지요? 그렇게 된다면 온 국민이 풍요롭고 행복하게 잘 살 수 있을 거예요.

임수경 아줌마의 통일 이야기 4

우리는 왜 분단되었나요?

여러분은 사이좋게 지내던 동생이나 형, 오빠, 언니와 다툰 적이 있을 거예요. 다투고 나면 어떡하나요? 서로 말도 안 하고, 계속 으르렁거리나요? 그렇지 않지요? 왜 다투게 되었는지 생각해 보고, 잘못한 것이 있으면 사과하고 서로 화해했을 거예요. 그러고 나면 사이가 더 좋아지고 예전보다는 덜 싸우게 되지요? 그래요. 다투고 나서 왜 그랬는지 생각해 보면 어떻게 해야 화해할 수 있는지도 알게 돼요. 남녘과 북녘도 왜 다투었고, 왜 오늘날까지 갈라져서 살아야 하는지 알면 분명히 화해할 수 있을 거예요.

여러분이 형제간에 항상 사이좋게만 지내지 않듯이, 우리 나라도 언제나 한 나라는 아니었어요. 고대에는 고조선을 비롯해 부여, 삼한 등의 부족 국가 시대였고 고구려, 백제, 신라가 국경선을 맞댄 삼국 시대도 있었어요. 삼국을 통일한 신라와 발해가 함께 있던 남북국 시대를 지나, 후삼국 시대도 있었지요. 하지만 역사적으로 보면, 우리가 분열되었을 때보다 하나로 통일한 시기에 국력이 강하고 문화가 발전했다는 것을 알 수 있어요.

이제 우리 나라가 왜 나뉘고 다투게 되었는지 살펴봐요. 우리가 그렇게 된 데는 여러 가지 원인이 있어요. 여러분이 더 크면 자세히 알게 될 테니까 여기서는 간단하게 짚어 볼게요.

첫째, 미국과 소련(지금의 러시아) 때문이에요. 제2차 세계 대전에서 승리를 앞둔 미국, 영국, 소련은 우리 민족이 스스로 나라를 세울 능력이 없다며 그 능력이 생길 때까지 5년 동안 자기들이 다스리기로 결정했어요. 그러고는 일본이 항복하자, 북위 38도 선을 중심으로 남쪽은 미군이, 북쪽은 소련군이 차지했어요. 미국과 소련은 일본에 나라를 빼앗겼어도 줄기차게 독립 운동을 해 온 우리 민족을 무시한 거지요.

둘째, 우리 민족이 분열했기 때문이에요. 미국과 소련이 5년 동안 우리 민족을 다스리기로 한 것을 신탁 통치라고 하는데, 두 나라는 신탁 통치가 끝나면 남북에서 공동 선거를 치러 새 정부를 세우자고 약속했어요. 그러자 남쪽에서는 신탁 통치에 반대했고, 북쪽에서는 찬성했지요. 이를 빌미로 미국과 소련은 약속을 어겼어요. 그래서 남쪽에서는 미국의 지원을 받은 정부가 생겼고, 북쪽에서는 소련의 지원을 받은 정부가 생긴 거예요. 결국 임시로 그어 놓은 38선이 영영 넘을 수 없는 분단선으로 남았지요.

이것을 가슴 아파한 김구 선생님은 「삼천만 동포에게 읍고함」이라는 글에서 "나는 통일된 조국을 건설하려다가 38선을 베고 쓰러질지언정 일신의 구차한 안일을 취하여 단독 정부를 세우는 데는 협력하지 않겠다"고 하셨어요. 온 국민이 김구 선생님과 같은 마음으로 단결했다면 우리 나라가 지금처럼 나뉘는 일은 없었을 텐데, 너무 안타까워요.

셋째, 우리 민족끼리 전쟁을 했기 때문이에요. 6·25 전쟁으로 말미암아 우리 민족의 분단이 굳어졌어요. 여러분이 친구나 동생과 말다툼만 하면 화해하기 쉬운데, 주먹다짐까지 하면 화해하기 어려운 것과 마찬가지예요.

그렇다면 전쟁이 왜, 어떻게 일어났을까 궁금하지요? 이제 우리가 흔히 6·25라고 부르는 전쟁을 살펴봐요. 50여 년이 지난 지금까지도 남과 북은 상대방이 먼저 침략했다고 주장하고 있어요. 이렇듯 남침이냐 북침이냐를 따지고 들자면 상처를 치유하고 화해하기는커녕 오히려 나쁜 감정만 커질 거예요. 6·25라는 비극이 왜, 어떻게 일어났는지 아는 것이 무엇보다 중요해요.

1950년 6월 25일, 북녘이 38선 이남에 군대를 보내서 전면전으로 확대된 것은 사실이에요. 하지만 남과 북의 군사가 그 때 처음 충돌한 것은 아니에요. 미국과 소련이 38선 남쪽과 북쪽에 들어온 1945년부터 군사들은 충돌하기 시작했어요. 그리고 남쪽에 미국식 자본주의를 주장하는 정부가 들어서고, 북쪽에 소련식 공산주의를 주장하는 정부가 들어서면서부터는 38선 주변에서 크고 작은 전투가 계속 벌어지는 등 당시의 한반도는 내전과 다름없는 상태였어요. 서로 자기가 옳다고 주장하며 싸운 거지요. 상대방의 의견을 존중하고 대화를 나누며, 다시 하나의 나라를 세우려는 노력을 하지 못했어요. 6·25 전쟁은 남북의 체제 싸움이 발전한 전면전으로, 우리 민족이 미국과 소련을 대신하여 싸운 셈이랍니다. 이렇듯 우리 나라가 분단된 가장 큰 원인은 미국과 소련이 한반도를 강제로 점령한 데 있어요.

　마지막으로 민족과 땅이 동강나는 걸 알면서도 사상과 견해가 다른 점을 뛰어넘지 못하고 분열한 우리의 잘못이에요. 민족의 불행을 앞에 두고 서로 단결하는 모습을 보여 주지 못했으니까요.

　6·25 전쟁은 우리 민족에게 너무나 많은 피해를 주었어요. 수백만 명이 죽고 수많은 이산 가족을 낳았으며, 우리의 귀중한 문화재와 금수 강산이 망가졌어요. 전쟁 이후에는 남과 북이 강대국의 방패막이 구실을 하며, 서로 총부리를 겨누는 적대 관계가 되었어요.

　하지만 우리 민족이 스스로 통일하겠다는 굳은 뜻을 갖고 노력한다면 반드시 통일을 이룰 수 있답니다. 그렇게 통일한다면 세계 어느 나라도 우리를 넘보거나 간섭하지 못할 거예요.

임수경 아줌마의 통일 이야기 5

다른 나라들은 어떻게 통일을 했나요?

아줌마가 문제 하나 낼게요. 오스트리아, 베트남, 예멘, 독일 네 나라의 공통점은 무엇일까요? 너무 어렵다고요? 정답은 '우리와 비슷한 원인으로 분단된 적이 있는 나라들'이에요. 하지만 이 나라들은 모두 통일을 했답니다. 지금 세계에서 아직 통일하지 못한 나라는 우리나라뿐이에요.

그렇다면 이 나라들은 어떻게 통일을 했는지 궁금하지요? 아줌마가 통일한 순서대로 이야기해 줄 테니 잘 들어 보세요.

오스트리아는 제2차 세계 대전의 패전국이에요. 독일 편에 섰다가 그렇게 된 거지요. 전쟁이 끝난 뒤 미국, 영국, 프랑스, 소련이 오스트리아를 나누어 맡았어요. 네 나라로 갈라진 거지요. 그러나 오스트리아는 분할 점령되기 석 달 전에 통합 임시 정부를 수립했답니다. 오스트리아에도 서로 생각이 다른 사람들이 많았지만, 나라가 분단돼서는 안 된다는 생각은 일치한 거예요. 사상이 달라서 남과 북이 갈라진 우리 처지에서 보면 부러운 부분이지요. 오스트리아는 이렇게 하나의 정부를 세운 뒤 점령국인 미국, 영국, 프랑스, 소련과 10년 동안 끈질기게 협상을 벌였어요. 비록 네 나라로 갈라졌지만 통일을 위해 마음을 하나로 모은 거지요. 그래서 1955년 5월, 마침내 한 나라로 독립을 인정 받았답니다.

다음은 베트남 이야기를 할게요. 베트남 통일에는 좀 복잡한 사연이 있어요. 역사가 오래 된 베트남은 여러 차례 중국의 침략을 받으면서도 나라를 지켜 왔어요. 그런 점에서는 우리 나라와 비슷하죠. 그러다 1859년에 프랑스의 식민지가 되었어요. 이 때부터 베트남은 프랑스의 지배에서 독립하기 위해 줄기차게 싸웠답니다. 제2차 세계 대전 때는 일본에 나라를 빼앗겼다가 일본의 패망으로 독립 국가가 되었지만, 다시 프랑스가 베트남을 자기네 땅이라고 우기며 남쪽을 차지했어요. 이를 계기로 베트남 역시 남과 북으로 나뉘었고, 20여 년에 걸쳐 기나긴 전쟁을 했지요. 프랑스가 싸우다 지쳐 남베트남에서 물러나자 이번엔 미국이 들어갔어요. 그러나 미국도 베트남 사람들의 끈질긴 저항에 못 견디고 물러났지요. 결국 1975년 4월 30일, 베트남은 공산주의 체제로 통일했답니다.

 이제 예멘 차례예요. 예멘은 아라비아 반도 남서부에 위치한 나라랍니다. 지혜의 왕 솔로몬과 사랑한 것으로 유명한 '시바의 여왕'을 들어 본 적 있나요? 시바 왕국이 바로 옛날의 예멘이에요. 석유가 많이 나서 부유한 아랍의 여러 나라들과 달리 예멘에서는 석유가 별로 나지 않아 지금은 가난해요. 그러나 옛날에는 인도와 지중해를 잇는 해상 무역의 중심지로서 번영을 누리던 나라예요. 예멘은 16세기부터 터키의 지배를 받았어요. 그러다가 19세기에 예멘의 남쪽 지역이 영국의 지배를 받게 되었답니다. 이것이 예멘 분단의 시작이지요. 북예멘은 1918년에 독립했고, 남예멘은 1967년에 독립했어요. 북예멘은 자본주의였고 남예멘은 사회주의였어요.

우리 나라와 비슷한 경우지요. 게다가 우리 나라처럼 남과 북이 전쟁도 했어요. 그러나 이처럼 체제가 다르고 남북 간의 전쟁을 겪었음에도 불구하고 예멘은 평화적으로 통일을 했답니다. 예멘을 보면 우리도 통일할 수 있다는 믿음이 생겨요. 예멘은 남북의 학교에서 같은 역사 교과서를 사용하고, 문화·예술인들이 함께 일을 하는 등 통일하기 위해 다양한 노력을 기울였어요. 또 남과 북의 경제력, 인구 등에 따른 비례 대표제를 통해 통일 정부를 만들었어요. 예를 들면, 5명의 평의회 의원 가운데 3명은 북예멘 사람들이고, 나머지 2명은 남예멘 사람들이지요. 이렇게 뽑힌 대표들을 중심으로 1990년 5월 22일, 마침내 통일을 이뤘어요.

마지막으로 독일의 통일 이야기를 할게요. 독일은 제2차 세계 대전을 일으켰다가 패배했기 때문에 미국, 영국, 프랑스, 소련의 지배를 받았어요. 그러다가 1949년에 미국, 영국, 프랑스의 점령 지역은 서독으로, 소련의 점령 지역은 동독으로 분리 독립을 했답니다. 서독은 자본주의 체제였고, 동독은 사회주의 체제였지요. 하지만 독일은 분단 초기부터 65세 이상의 동독 사람들이 서독을 방문하는 것은 물론, 서독에서 동독으로 소포를 보낼 수도 있었어요. 1949년에

독립한 서독은 헌법 대신 기본법만을 제정했는데, 그 까닭은 분단된 나라에 헌법이 있을 수 없고 헌법은 통일 후에 만드는 것이 옳다고 생각했기 때문이에요. 이처럼 서독은 분단 초기부터 통일하려는 의지가 대단했어요. 서독과 동독은 1969년부터 본격적으로 교류하기 시작해 1970년엔 동·서독 정상이 만났고, 1972년엔 상호 기본 조약을 맺었답니다. 기본 조약이 체결되자마자 서독은 동독의 개방을 위해 많은 노력을 기울이고 정책을 펼쳤어요. 서독이 동독에 경제적으로 지원한 것도 그런 노력의 하나였지요. 1990년 10월 3일, 독일은 마침내 통일했어요.

평화적으로 통일한 나라들의 통일 과정을 살펴보면 온 민족이 통일을 위해 끊임없이 노력했다는 걸 알 수 있어요. 오스트리아처럼 서로 힘을 합하고 지혜를 모으면 비교적 짧은 기간에도 통일을 이룰 수 있어요. 독일처럼 체제가 달라도 서로 지속적인 교류를 통해서 믿음을 쌓으면 통일할 수 있어요. 예멘처럼 체제가 다르고 전쟁을 겪었어도, 서로 용서하고 화해하면 통일을 이룰 수 있어요. 하지만 민족이 힘을 합하지 못하고 서로 믿지 못하면 아무리 오랜 세월이 흘러도 통일은 다른 나라 얘기일 뿐이에요.

앞에서 말한 것처럼 이제 세계에서 아직 통일하지 못한 나라는 부끄럽게도 우리 나라뿐이에요. 슬픈 일이지요? 통일을 이룬 나라들이 부럽다고요? 우리도 통일할 수 있어요. 어느 민족보다 우수한 우리 민족이 평화적으로 통일하지 못한다면 말이 되겠어요?

비록 우리는 가장 늦게 통일을 이루지만 가장 멋진 통일을 할 수 있어요. 어느 나라보다도 평화로운 방법으로, 멋있게 통일할 기회가 우리에게 있다는 거지요. 우리 민족의 슬기를 전세계 사람들에게 보여 주자고요.

임수경 아줌마의 통일 이야기 6

우리도 독일처럼 통일할 수는 없나요?

독일은 더 잘 사는 서독이 동독을 흡수해서 통일했어요. 그래서 동독의 모든 체제는 완전히 서독식으로 바뀌었답니다.

서독이 동독을 흡수한 데는 그 나라만의 특별한 까닭이 있어요. 아줌마가 앞에서 독일의 통일 과정에 대해 이야기했지요? 동독과 서독은 서로 전쟁을 한 적이 없어요. 제2차 세계 대전이 끝난 뒤 강대국들이 영토를 나눠 지배한 건 우리와 마찬가지지만, 6·25와 같은 전쟁은 없었어요. 같은 민족끼리 총부리를 겨누고 피를 흘리며 싸운 기억이 없는 동·서독은 씻어 낼 앙금이 적었지요. 말다툼한 친구와는 쉽게 화해할 수 있지만, 주먹다짐을 한 친구와는 화해하기가 어렵잖아요. 동독과 서독은 전쟁을 하지 않았기 때문에 화해하는 데 큰 어려움이 없었답니다.

현재 독일의 수도인 베를린도 당시에 동베를린과 서베를린으로 나뉘었는데, 서로 드나들 수 있었어요. 여러분도 잘 아는 베를린 장벽을 넘어서 말예요. 베를린 장벽은 우리의 휴전선처럼 겹겹으로 철조망을 치고 지뢰를 묻고 총을 겨누는 살벌한 곳이 아니었거든요.

서독과 동독의 통일은 하루아침에 이룬 게 아니에요. 동·서독 사람들은 오랜 세월 동안 서로 만나고 교류하며 믿음을 쌓아 왔답니다. 그래서 동독 사람들은 비록 동독이 서독에 흡수된다 하더라도 큰 불편이 없을 것이라는 믿음을 갖게 되었어요.

우리도 독일처럼 남녘이 북녘을 흡수해서 통일하면 되지 않느냐고 생각하는 어린이들도 있을 거예요. 하지만 아줌마의 대답은 '아니오'예요. 우선 우리에겐 오래 된 상처가 있어요. 같은 민족끼리 총과 대포를 쏘아 죽고 죽이는 전쟁을 겪었어요. 또 남녘은 자본주의 체제고 북녘은 공산주의 체제인데, 무조건 자본주의식으로 통일하려다 보면 문제가 생기게 마련이에요. 자본주의를 잘 모르는 북녘 사람들이 거부감과 두려움을 느낄 테니까요. 여러분이 낯선 장소에 가면 겁이 나는 것과 마찬가지예요.

그렇다면 북녘 사람들은 어떤 걸 무서워할까요? 예를 들면 이런 거예요. 남녘의 일부 사람들이 통일이 되면 분단 이전에 북쪽에 있던 재산을 되찾기 위한 소송을 하겠다는 말을 들은 적이 있어요. 억울한 토끼 이야기와 비슷하군요. 억울한 토끼 이야기가 뭐냐고요? 아줌마가 그 이야기를 들려 줄게요.

토끼는 먹을 것을 찾아 이곳 저곳을 떠돌아다녔어요. 들판에 피어난 풀을 뜯어 먹으며 살았지요. 그런데 땅을 가꾸지 않아 풀이 점점 모자랐어요. 토끼는 열심히 땅을 갈아 씨를 뿌리고 가꾸었답니다. 풀이 더 잘 자랄 수 있도록 거름을 주고, 멀리서 좋은 흙을 구해다 뿌리고, 개울물을 끌어다 물을 주었지요. 이렇게 열심히 가꾸었더니 어느 새 이 땅은 기름진 땅이 되었어요.

어느 날 힘센 염소가 찾아와 말했어요.

"이 땅은 내 땅이니까, 여기서 자란 풀은 내가 먹을 테다."

토끼는 너무 억울했어요. 오랜 세월 정성 들여 가꾼 땅에 느닷없이 염소가 나타나서 자신이 땅 임자라며 내쫓으려 하니까요.

"여기가 네 땅인지 몰랐어. 그리고 이 땅에는 풀이 잘 자라지 않았는데 내가 열심히 일해서 이만큼 기름진 땅으로 만든 거야. 이제 내 땅이나 마찬가지라고."

"글쎄, 이 땅은 원래 내 땅이니까 여기서 자란 풀들도 다 내 거야."

염소는 계속 자기 땅이라고 우겼어요. 토끼는 억울했지만 힘센 염소에게 밀려 쫓겨 나고 말았답니다.

여러분, 토끼가 불쌍하지요? 정성 들여 땅을 가꾸고 풀을 키운 건 토끼인데 느닷없이 염소가 나타나 모두 빼앗아 버렸으니 말예요. 토끼가 왜 억울한지 알겠지요?

여러분이 북녘 사람이라고 생각해 보세요. 오랫동안 그 곳에서 살아 왔는데 통일이 되자 느닷없이 남녘 사람이 나타나서 '그 땅의 주인은 나요' 한다면 어떨까요? 북녘 사람들은 그런 두려움이 있을 거예요. 반대로도 생각해

볼까요? 분단 이전에 남녘에 땅과 집을 가지고 있던 북녘 사람들이 통일된 뒤에 자신의 것이라고 주장하면 어떨까요? 여러분도 지금 살고 있는 집과 땅을 북녘 사람들에게 내 줘야 할지 몰라요. 그렇게 되는 건 바라지 않지요?

   과거에는 남녘과 북녘의 교류가 전혀 없었지만, 지금은 교류를 많이 해요. 이렇게 된 데는 남녘의 햇볕 정책이 한 몫 했어요. 햇볕 정책이란 북녘에게 강제로 개혁과 개방을 요구하지 않고, 자발적으로 문호를 개방할 수 있게 하는 정책을 뜻해요. 남녘이 먼저 마음을 열고 대하면 북녘도 언젠가는 마음을 열고 손을 맞잡으리라는 믿음에서 출발한 정책이랍니다. 지난 2000년에 남북 정상 회담이 열린 것도 햇볕 정책 덕분이에요. 남과 북이 서로 가슴을 열고 만나는 계기가 된 거지요.

   그렇다면 우리는 어떤 방식으로 통일해야 할까요? 과거에는 북녘으로 쳐들어가자는 북진 통일이 남녘의 통일 방안이던 적도 있어요. 그 때는 평화적으로 통일하자고 말하는 것만으로도 감옥에 가야 할 만큼 무서운 시기였어요. 하지만 이제는 누구나 평화 통일을 말하고 있어요. 전쟁으로 통일하자고 주장하는 사람은 남과 북 어디에서도 찾아 보기 힘들어요. 일부 그런 사람들이 있지만, 많은 사람들이 6·25와 같은 끔찍한 전쟁은 다시 일어나선 안 된다고 생각해요.

　남녘과 북녘의 통일 방안은 비슷한 부분도 있고 다른 부분도 있어요. 여러분이 토론을 할 때는 어떻게 하지요? 서로 다른 의견이 있으면 공통점을 찾기 위해 상대방의 주장에 귀를 기울이잖아요. 그러면서 조금씩 양보하여 합의점을 찾고요. 우리의 통일 방안도 그런 식으로 찾아 가야 해요. 서로 다른 점을 강조하는 것보다 공통점을 찾아 내서 조금씩 양보하고 남과 북이 모두 만족할 만한 통일 방안을 만들어야겠지요. 공통점을 발견하고 한 걸음 더 상대방과 가까워지는 것, 그게 통일로 가는 지름길이 아닐까요?

남북 공동 통일 방안 – 6·15 남북 공동 선언문 2항

남과 북은 나라의 통일을 위한 남측의 연합제 안과 북측의 낮은 단계의 연방제 안이 서로 공통성이 있다고 인정하고 앞으로 이 방향에서 통일을 지향해 나가기로 하였다.

남녘 통일 방안 – 한민족 공동체 건설을 위한 3단계 통일 방안

'화해 협력 → 남북 연합(남북 정상 회담과 각료 회의의 상설화, 남북 국회 대표가 통일 헌법안과 통일 절차 마련) → 통일 국가 (총선거-통일 국회-통일 정부)'의 과정을 거친다. 통일 국가의 위상은 1민족 1국가 1정부 1체제로, 완전한 단일 국가가 목표다. 남북 국회 대표가 마련하는 통일 헌법에 따라 최종 형태는 바뀔 수도 있다.

북녘 통일 방안 – 고려 민주 연방 공화국 창립 방안

'남북 제정당, 사회 단체, 해외 민족 단체 예비 회담 → 고려 민주 연방 공화국 창립 준비 위원회 → 고려 민주 연방 공화국'의 과정을 거친다. 앞의 두 단계를 낮은 단계의 연방제, 고려 민주 연방 공화국 창립을 완전한 연방제라고도 한다. 북녘에서는 통일을 점진적, 단계적으로 해야 한다고 여기기 때문에 최종적인 나라 형태는 후대의 몫으로 남겨 두었다.

임수경 아줌마의 **통일** 이야기 7

우리 민족이 자주적으로 통일하자는 건 무슨 뜻이에요?

옛날 어느 시장에 생선 장사 아저씨가 살았어요. 아저씨네 가게에는 꼴뚜기, 오징어, 고등어, 갈치 같은 생선들이 많았지요. 그런데 이 아저씨는 무척 게을렀어요. 하루는 아저씨가 집에서 기르는 강아지를 불렀어요.

"얘, 내가 낮잠을 좀 잘 테니 네가 가게를 지키렴."

그러자 강아지가 대답했어요.

"걱정 마세요, 아저씨. 가게는 제가 지켜 드릴게요."

생선 장사 아저씨는 강아지에게 가게를 맡기고 집으로 갔어요. 늘어지게 낮잠을 잔 뒤 다시 가게에 나갔지요. 충실한 강아지는 생선 가게를 잘 지키고 있었어요. 기분이 좋은 아저씨는 강아지를 쓰다듬어 줬어요.

그 날부터 생선 장사 아저씨는 하루도 빠짐없이 낮잠을 잤어요. 날마다 강아지에게 생선 가게를 맡겨 놓고 아저씨는 잠을 잔 거지요. 그러다가 강아지가 병에 걸렸어요. 더운 날에 오랫동안 가게를 지키다가 병이 난 거예요.

이제 아저씨가 가게를 지켜야 했어요. 그러나 그 동안 강아지가 대신 가게를 지켜 줘서 편한 것에 익숙해진 아저씨는 집에서 기르는 고양이를 불렀어요.

"얘, 내가 낮잠을 좀 잘 테니 네가 가게를 지키렴."

그러자 고양이가 대답했어요.

"걱정 마세요, 아저씨. 저는 강아지보다 더 잘 지킬 수 있어요."

이렇게 해서 아저씨는 다시 낮잠을 잘 수 있었어요. 생선 장사 아저씨는 느긋하게 낮잠을 자고 난 뒤 가게에 나갔어요.

"어디 보자, 고양이 녀석이 가게를 잘 지키고 있겠지?"

아저씨는 너무 놀라 뒤로 벌렁 자빠졌어요. 왜냐고요?

가게에 생선이 한 마리도 없었거든요. 고양이는 생선을 정말
좋아해요. 그런 고양이에게 가게를 맡겨 놓았으니 생선이
남아 있을 리가 없지요. 고양이는 가게를 지키기는커녕
생선을 훔쳐 먹고 나서 아저씨한테 혼날까 봐 도망가 버리고
말았어요. 생선 장사 아저씨는 가게 앞에 주저앉아 꺼이꺼이
울었답니다.

 여러분이 생선 장사 아저씨라면 어떻게 했을까요?
강아지나 고양이에게 가게를 맡기고 낮잠이나 잤을까요?
그렇게 하지 않았겠지요. 아마 여러분은 강아지나 고양이에게
자신의 일을 미루기보다는 스스로 가게를 지켰을 거예요.
생선 장사 아저씨처럼 남의 도움만 바라다가는 낭패 보기
쉽답니다.
 특히 남과 북의 통일처럼 매우 중요하고 힘든 일을 남의
손에 맡길 수는 없어요. 미국이나 러시아, 혹은 중국이나
일본처럼 크고 힘센 나라들에게 우리가 통일할 수 있게
해 달라고 기대서는 안 되겠어요. 고양이에게 맡긴 생선
가게처럼 위태로울 수도 있으니까요. 이처럼 남의 도움을
기대하거나 힘센 나라에 부탁하지 말고 우리 민족의 힘으로

통일을 하자는 게 자주적으로 통일한다는 뜻이에요.

지난 2000년에 남녘의 김대중 전 대통령 할아버지와 북녘의 김정일 국방 위원장 할아버지가 만난 것은 여러분도 알죠? 이처럼 다른 나라의 간섭 없이 남과 북이 만나서 통일에 대해 이야기하는 것이 자주적인 통일로 가는 첫걸음이에요. 그렇다면 우리가 통일을 하는 데 또 무엇이 필요할까요? 바로 평화적인 방법이에요. 남과 북이 이렇게 한다고 생각해 보세요.

"자, 우리 전쟁을 해서 이긴 쪽이 통일을 하는 걸로 약속하자."

이것도 분명히 자주적인 통일 방법이기는 해요. 하지만 평화적인 방법은 아니죠? 전쟁을 하면 사람들이 다치거나 죽을 테고, 건물이 부서지고 도로가 끊길 거예요. 이런 식으로 전쟁을 하면 어느 쪽이 이기더라도 우리는 정말 많은 상처를 입겠지요. 6·25 전쟁과는 비교도 할 수 없을 거예요.

하지만 우리에게 무기를 팔아먹는 나라들은 오히려 이득이 있겠지요. 6·25 전쟁 때도 일본과 미국은 한반도에 전쟁 물자를 공급해서 자기 나라 경제 발전에 큰 도움을 받았어요. 전쟁과 분단은 결코 우리 민족이 원한 게 아니에요. 다시 전쟁이 일어난다 해도 마찬가지예요. 우리 민족끼리 싸워서 다른 나라 좋은 일만 해 줄 필요는 없잖아요?

전쟁을 통한 통일은 반드시 피해야 해요. 그래서 필요한 것이 평화적인 방법으로 통일을 하자는 약속이에요. 남과 북이 이처럼 자주적이고 평화적으로 통일하자는 노력을 시작한 건 훨씬 오래 전부터예요.

혹시 '7·4 남북 공동 성명'이라는 걸 들어 본 적이 있나요? 여러분이 태어나기 훨씬 전인 1972년에 남과 북은 공동 성명을 발표했답니다. 분단된 후 처음이었지요.

그 뒤에도 남과 북은 1991년에 '기본 합의서'를 발표했어요. 이처럼 남북은 오랜 세월 동안 다시는 전쟁이 없는 나라를 만들기 위해, 통일을 이루기 위해 많은 노력을 해 왔답니다. 그런데 문제가 생겼어요. 남과 북이 약속을 지키지 않은 거예요.

여러분도 친구와 약속을 많이 하지요? 몇 시에 어디에서 만날 건지, 무엇을 할 건지 여러 가지 약속을 할 거예요. 만약 친구가 약속을 지키지 않는다면 어떻겠어요? 한두 번 약속을 지키지 않는 건 이해할 수 있지만, 그런 일이 반복되면 친구를 믿을 수가 없잖아요. "쟤는 원래 약속을 안 지키는 애야.

재하고는 무슨 약속을 해도 소용없어." 이렇게 되면 아무도 그 친구와 놀지 않으려고 할 거예요.

　남과 북도 많은 약속을 했지만 그 약속을 제대로 지키지 않았기 때문에 서로 믿지 못하고 있어요. 그래서 중요한 건 무슨 약속을 하느냐가 아니라 아무리 작은 약속이라도 반드시 지키는 거예요. 1991년에 남북 기본 합의서를 발표한 지 꼬박 9년이 지나서야 남북 정상이 만나고, 6·15 남북 공동 선언을 발표했어요. 우리 민족은 7·4 남북 공동 성명을 발표한 1972년부터 지금까지 통일을 위해 중요한 합의를 여러 번 해 왔어요.

　중요한 건 선언이나 성명이 아니랍니다. 사실 남북 기본 합의서의 내용은 그보다 20년 앞서 발표한 7·4 남북 공동 성명의 내용과 그리 다르지 않아요. 문제는 남과 북이 합의한 사항을 얼마나 성실히 지키는가 하는 것입니다. 만약 우리가 약속을 충실히 지켜 왔다면 벌써 통일했을 거예요. 새로운 합의를 하는 것도 중요하지만, 이전에 합의한 내용을 지키는 건 더욱 중요해요.

　이제 남녘과 북녘의 정상이 만났으니 그렇게 만나 맺은 약속을 꼭 지켜야겠지요? 어린이 여러분이 남과 북 모두 약속을 잘 지키는지 감시하는 건 어때요?

🔹 7·4 남북 공동 성명

쌍방은 다음과 같은 조국 통일 원칙들에 합의를 보았다.
첫째, 통일은 외세에 의존하거나 외세의 간섭을 받음이 없이 자주적으로 해결하여야 한다.
둘째, 통일은 서로 상대방을 반대하는 무력 행사에 의거하지 않고 평화적 방법으로 실현하여야 한다.
셋째, 사상과 이념·제도의 차이를 초월하여 우선 하나의 민족으로서 민족적 대단결을 도모하여야 한다.

🔹 남북 기본 합의서 전문

남과 북은 분단된 조국의 평화적 통일을 염원하는 온 겨레의 뜻에 따라 7·4 남북 공동 성명에서 천명된 조국 통일 3대 원칙을 재확인하고, 정치·군사적 대결 상태를 해소하여 민족적 화해를 이룩하고, 무력에 의한 침략과 충돌을 막고 긴장 완화와 평화를 보장하며, 다각적인 교류·협력을 실현하여 민족 공동의 이익과 번영을 도모하며, 쌍방의 관계가 나라와 나라 사이의 관계가 아닌 통일을 지향하는 과정에서 잠정적으로 형성되는 특수한 관계라는 것을 인정하고, 평화 통일을 성취하기 위한 공동의 노력을 경주할 것을 다짐하면서 다음과 같이 합의하였다.

임수경 아줌마의 통일 이야기 8

통일하는 데
돈이 그렇게 많이 들어요?
그럼 우리는 가난해지지 않나요?

 통일을 하는 데 비용이 많이 든다는 어른들의 애기를 들었군요? 그래서 그 비용을 내야 하는 부모님이 힘드실까 봐 걱정이라고요? 우리가 가난해지면 어쩌나 두렵기도 하지요? 걱정 마세요. 왜 걱정 안 해도 되는지 아줌마가 자세히 알려 줄게요.

    통일 비용은 독일이 통일하는 과정에서 등장한 말이랍니다. 독일은 통일 후 10년 동안 옛 동독 지역에 서독과 같은 자본주의 체제를 세우는 데 5000억 달러라는 엄청난

비용을 사용했어요. 독일은 서독이 동독을 흡수 통일한 거라고, 앞에서 아줌마가 한 말 기억하지요? 그래서 독일의 통일 비용은 정확하게 말하면 흡수 통일 비용이에요.

우리 나라에서는 북녘의 김일성 주석 사망 이후 통일 비용 이야기가 나오기 시작했어요. 마치 북녘이 곧 망하기라도 할 것처럼 호들갑을 떨면서, 이른바 통일 비용이란 걸 계산하기 시작했죠. 어떤 연구 기관은 400억에서 최대 2조 2000억 달러가 필요할 것이라고 했어요. 미국의 골드만 삭스라는 은행은 8000억에서 최대 3조 5000억 달러가 필요할 것이라고 예상했답니다. 이처럼 어마어마한 비용을 발표하면서 남과 북이 통일을 하면 마치 남녘의 경제가 휘청거리거나 망할 것처럼 얘기했어요. 하지만 그들이 발표한 건 통일 비용이 아니라 흡수 통일 비용이랍니다. 그들이 비용을 계산할 때는 독일처럼 남녘이 북녘을 흡수 통일할 경우를 염두에 둔 거지요.

그러나 우리에게 독일식의 흡수 통일은 불가능하기도 하고 바람직하지도 않아요. 우선 남녘의 경제력이 그만한 비용을 지불할 정도가 못 돼요. 독일은 우리와 달리 민족 간의 전쟁을 겪지 않은 것은 여러분도 알 거예요. 그래서 흡수 통일을 했어도 동독과 서독 주민들 간의 갈등이 심하지 않았고, 비교적 쉽게 화합할 수 있었어요. 그러나 우리는 남과 북이 전쟁을 치렀기 때문에 흡수 통일하면 독일보다 남과 북 주민들 간의 갈등이 훨씬 심하고, 화합이 아주 어려울 거예요. 김대중 전 대통령 할아버지가 흡수 통일할 생각은 추호도 없다고 하신 것도 그 때문이에요. 따라서 흡수 통일 비용은 우리가 염두에 둘 필요가 없어요. 그렇다면 어떤 비용을 생각해야 할까요? 말 그대로 통일 비용이에요.

통일 비용이란 남과 북이 통일하는 데 필요한 비용과 통일 뒤 체제를 정비하고 국토를 균형 있게 개발하는 데 필요한 비용을 합한 거예요. 앞에서 말한 대로 서독은 동독을 흡수 통일했기 때문에 많은 비용이 들었어요. 동독의 모든 체제를 서독식으로 뜯어고쳤거든요. 동독과 서독의 화폐를 1대 1로 교환했고, 동독의 사회 보장 제도를 서독의 사회 보장 제도에 맞추기 위해 동독 주민에게 실업 수당을 주었어요. 또 동독의 공장들을 다 없애고 새로 지었지요. 서독은 이런 식으로 흡수 통일했기 때문에 막대한 돈이 든 거예요.

하지만 남과 북이 대등한 처지에서 통일을 한다면 이런 비용이 필요 없어요. 물론 통일 이후에 경제력이 우월한 남녘이 북녘의 경제 발전에 주도적인 역할을 하겠지요.
그 과정에서 돈이 필요할 거예요. 하지만 이 때 쓰는 돈은
없어져 버리는 돈이 아니에요. 미래를 위해 투자하는 셈이죠.
우리가 쓰는 통일 비용은 고속 도로 건설 비용과 같아요. 고속
도로를 건설하는 데는 많은 시간과 돈이 들지만 모든 나라가
고속 도로를 만들어요. 고속 도로는 그것을 만들기 위해
필요한 시간과 돈보다 훨씬 많은 이익을 가져다 주거든요.
왜냐 하면 고속 도로를 통해 물류의 소통이 원활해지고
경제의 대동맥이 형성되기 때문이죠. 고속 도로가 없다면
부산 앞바다에서 잡은 생선을 싱싱하게 서울로 운반할 수
없을 거예요. 운반하는 데 시간이 오려 걸려서 생선이 썩어
버리면 어민들의 노력은 헛수고가 되겠지요. 손해도
이만저만이 아닐 거예요.

 이렇게 투자하는 돈을 사회 간접 자본이라고 해요. 이 돈은
쓰고 나면 사라져 버리는 게 아니에요. 그걸 기반으로 더
활발한 경제 활동을 할 수 있지요. 통일 비용도 마찬가지예요.
이렇게 계산하면 우리의 통일 비용은 독일이 치른 흡수 통일
비용의 10분의 1도 들지 않아요. 어른들이 걱정하는 것은
흡수 통일 비용과 통일 비용을 구분하지 못했기 때문에 생긴

오해라는 걸 이제 아시겠지요?

통일 비용을 계산할 때는 분단 비용도 함께 생각해야 한답니다. 통일했다는 건 분단이 사라졌다는 거예요. 다시 말해 통일 비용이 필요하다는 건 이제 분단 비용이 필요 없다는 얘기지요. 분단 비용이란 분단을 유지하기 위해 필요한 돈이에요. 예를 들면 군사비, 군 주둔 토지 비용, 통일부 예산 같은 걸 포함하지요. 그런데 통일하면 최소한의 비용을 제외하곤 군사비가 거의 필요하지 않고, 군 부대가 주둔하던 토지를 다른 용도로 사용할 수 있답니다. 통일부도 축소되거나 사라지겠지요. 이처럼 분단 상태기 때문에 필요하던 돈이 더는 필요 없어진답니다.

이러한 분단 비용을 통일 비용으로 돌리면 통일 비용을 따로 마련하는 일은 거의 없다고 봐도 되겠지요. 아니, 오히려 돈이 남을 수도 있어요. 왜냐 하면 지금 우리가 해마다 지출하는 분단 비용이 이념과 체제 유지비 등 헤아릴 수 없는 부분을 제외하고도 20조 원이 넘기 때문이에요. 게다가 한반도의 통일로 평화가 정착되면 해마다 우리가 미군 때문에 지출하던 30억 달러를 내지 않아도 된답니다. 미군이 계속 주둔하려면 오히려 우리에게 주둔비를 내야 하지 않을까요?

우리가 들이는 통일 비용은 장기적으로 보면 이익이 될 게 분명해요. 흡수 통일했기 때문에 막대한 비용을 지출한 독일도 처음에는 힘들었겠지만, 지금은 오히려 통일 이전보다 나아지고 있어요. 독일 경제가 휘청거린다는 얘기는 아예 나오지도 않았고요.

우리가 통일한 뒤를 생각해 봐요. 남녘에는 기술과 자본이 풍부하고, 북녘에는 인력과 자원이 풍부해요. 남과 북이 서로 장점을 살리고 힘을 합쳐 고속 도로, 댐, 공장 등을 많이 만들고 경제 발전을 꾀한다면, 우리 나라는 세계의 어느 선진국 못지않게 잘 살 수 있을 거예요. 그렇게 되면 통일 조국에서 사는 우리들은 정말 행복할 것 같아요. 이런 통일 비용이라면 기꺼이 지출할 수 있겠지요?

임수경 아줌마의 통일 이야기 9

북녘은 왜 그렇게 못 살아요?

지금 북녘의 동포들이 경제적으로 많은 어려움을 겪는다는 것을 어린이 여러분도 아는군요? 북녘의 살림이 왜 그렇게 어려워졌는지 궁금하다고요? 아줌마가 그 까닭을 알려 줄게요. 잘 들어 보세요.

믿기 어렵겠지만 1960년대까지는 북녘의 경제력이 남녘보다 월등히 앞섰답니다. 이 이야기를 하려면 일제 시대로 거슬러 올라가야 해요. 우리 나라를 침략한 일본은 1930년대 말이 되자 중국 대륙까지 욕심을 냈어요. 일본은 중국을 침략하기 위해 중국에서 가까운 우리 나라 땅에, 그것도 자원이 풍부한 북쪽에 공장을 많이 세웠어요. 물론 그 공장은 전쟁에 필요한 무기와 같은 물자를 만드는 공장이지요. 공장을 돌리려면 전기가 필요하잖아요. 그래서 발전소도 세우고 댐도 만들고 길도 닦았답니다. 일제 시대부터 북쪽 지방이 남쪽 지방보다 산업 시설이 많은 것도 그 때문이에요.

그런데 6·25 전쟁을 치르면서 남과 북 가릴 것 없이 한반도는 쑥대밭이 되었어요. 이곳 저곳 폭격을 맞아 파괴되었고, 특히 평양은 건물들이 무너져 폐허와 같았지요. 하지만 북녘은 지하 자원과 인력이 풍부하고 일제 시대부터 쌓아 온 기술력 덕분에 남녘보다 먼저 일어섰어요. 1960년대 말까지 북녘의 경제가 남녘보다 앞선 것도 그 때문이랍니다.

이런 상황은 1970년대를 고비로 바뀌었어요. 남녘은 수출 위주의 정책을 펴면서 경제가 빠르게 성장한 반면, 북녘의 생산력은 제자리 걸음을 했거든요. 더구나 1990년대에 들어서며 북녘에는 오랜 가뭄이 들고 가뭄 끝에 큰물(홍수)이 나서 식량이 턱없이 모자랐어요. 많은 사람들이 영양 실조에 걸리고 심지어 굶어 죽는 사람들까지 생겨났어요. 여러분도

TV를 통해 보았을 거예요. 그 때 남녘에서는 북녘 동포 돕기 운동이 벌어지기도 했어요.

그런데 북녘의 경제는 왜 제자리 걸음을 했을까요? 아줌마가 앞에서 함께 농사지은 형제가 따로 농사지은 형제보다 쌀을 더 적게 거둬들였다는 이야기를 해 주었지요? 사실 공산주의 체제의 나라들은 대체로 자본주의 체제의 나라와 비교해서 경제가 어렵답니다. 옛날 소련이 무너진 것도, 동독이 서독에 흡수 통일된 것도 경제가 어려웠기 때문이에요.

물론 자본주의 체제의 나라라고 해서 다 잘 살지는 않아요. 자본주의 체제지만 공산주의 체제인 북녘보다 국민 총생산(GNP)이 낮은 나라도 얼마든지 있답니다. 그렇다면 북녘이 남녘보다 못 살게 된 원인이 있냐고요? 그래요.

한 가지 중요한 원인이 있어요. 바로 미국의 대북 봉쇄 정책 때문이에요. 봉쇄 정책이라는 게 무엇인지 궁금하다고요? 혹시 나폴레옹의 '대륙 봉쇄령' 이란 말을 들어 보셨나요? 지금은 잘 모를 수도 있겠네요. 여러분이 세계의 역사를 공부할 때 배울 거예요. 미리 공부한다 생각하고 들어 보세요.

프랑스의 나폴레옹은 유럽 전체를 손에 넣었지만,

유일하게 섬나라인 영국만 정복하지 못했어요. 그래서 해군을 이끌고 영국에 쳐들어갔으나 트라팔가르 해전에서 넬슨 제독이 이끄는 영국 함대에 참패하고 말았지요. 나폴레옹이 이끄는 프랑스의 육군은 유럽 대륙 전체를 차지할 만큼 강했지만 해군은 영국이 훨씬 강했거든요. 그러자 나폴레옹은 꾀를 내서 '대륙 봉쇄령'이라는 걸 발표했어요. 대륙 봉쇄령은 러시아에서 스페인에 이르는 유럽 여러 나라들이 영국과 무역을 못 하게 하는 내용을 담고 있어요. 그렇게 해서 경제적으로 고립시키면 결국 영국이 손을 들고 말 거라는 게 나폴레옹의 의도였지요.

이처럼 한 나라를 경제적으로 고립시켜 무너뜨리는 것이 봉쇄 정책이에요. 대북 봉쇄 정책은 바로 미국이 북녘을 경제적으로 고립시켜 무너뜨리기 위해 펼친 정책을 말한답니다.

소련을 중심으로 한 공산주의 나라들과 미국을 중심으로 한 자본주의 나라들이 대립하던 때를 냉전 시대라고 해요. 전쟁은 안 하지만 전쟁과 다름없는 상황이란 의미지요. 미국은 다른 나라들이 공산주의 나라와 외교 관계를 맺거나 무역하는 걸 방해했어요. 공산주의 나라들은 체제가 지닌 문제점 때문에 경제가 쇠퇴해 갔을 뿐만 아니라, 자본주의 나라들과 무역도 할 수 없어서 점점 어려워졌어요. 특히 자본주의 나라들은 석유와 같은 에너지 자원과 쌀, 밀 등의 식량 자원을 대부분 가지고 있어요. 공산주의 나라들은 에너지와 식량이 부족해지면서 결국 두 손을 들고 만 거예요.

북녘이 큰물 피해를 입은 것도 미국의 대북 봉쇄 정책 때문이에요. 왜냐하면 봉쇄 정책으로 연료를 수입하지 못해 산에 있는 나무들을 베어 연료로 썼거든요. 그러다 보니 비가 많이 왔을 때 큰물 피해를 본 것이지요.

냉전 시대가 끝난 뒤에도 미국은 대북 봉쇄 정책을 유지했어요. 북녘이 남녘보다 경제적으로 어려운 건 이처럼 공산주의 자체의 문제점과 함께 미국의 대북 봉쇄 정책 때문이에요. 더구나 북녘은 큰물 피해를 비롯해 여러 가지 어려움을 헤쳐 나가느라 아직 힘든 상황이에요. 하지만 북녘은 다른 공산주의 나라들과 달리 쉽게 무너지지 않았어요.

남녘에서는 1980년대 말에 소련, 중국을 비롯한 공산주의 나라들과 외교 관계를 맺고 교역도 하는 '북방 정책'을 폈어요. 냉전 시대가 끝나고서도 한참 뒤에야 한반도에 화해의 분위기가 찾아온 거지요. 북방 정책 이후 햇볕 정책이 이어지면서 공산주의 나라뿐만 아니라 북녘과도 적극적으로 교류하기 시작했어요.

이제 북녘도 자본주의의 장점을 조금씩 받아들이며 경제 성장을 꾀하고 있답니다. 남포 특별 지구, 신의주 특별 지구에 자본주의식 경제 활동을 허용하는 것이 대표적인 예죠. 남녘도 IMF 시대를 맞아 어려움을 겪었지만 슬기롭게 위기를 극복하고 재도약하는 중이에요. 공교롭게도 지금은 남과 북이 모두 새로운 도약을 위해 애쓰는 시기군요.

통일이 되어 남녘과 북녘이 힘을 합치면, 우리 나라는 어느 선진국 못지않게 잘 살 수 있을 거예요. 부지런하고 슬기로운 우리 민족이 한 마음 한 뜻으로 뭉치는데 두려울 것이 있겠어요? 게다가 남녘과 북녘이 국방비에 쏟는 비용과 힘을 경제 발전에 쓰면 우리가 잘 사는 건 당연한 이치잖아요. 하루빨리 통일을 이루면 좋겠어요.

임수경 아줌마의 통일 이야기 10

북녘은 국방비를 왜 그렇게 많이 쓰나요?

TV나 신문을 통해 북녘의 인민군들이 김일성 광장을 행진하는 모습을 본 적이 있을 거예요. 북녘은 90년대에 연이어 겪은 엄청난 큰물 때문에 식량이 부족할 뿐만 아니라 굶어 죽는 사람들까지 생겨났어요. 그런데도 북녘은 많은 돈을 국방비로 쓰고 있어요. 왜 그럴까요? 북녘 사람들이 전쟁광이어서? 아니에요. 북녘이 엄청난 돈을 국방비로 쓴다는 건 남녘 사람들의 오해랍니다. 오히려 북녘이 남녘보다 훨씬 적은 돈을 쓰고 있어요. 그런데 왜 그렇게 보이는 걸까요?

　우선, 남과 북의 군사력에 어떤 차이가 있는지 살펴봐요. 숫자상으로 보면 남녘은 69만여 명의 군인이 있고, 북녘은 117만여 명에 달하는 군인이 있어요. 탱크도 남녘은 2250대, 북녘은 3800대고, 대포도 남녘은 5200문인 데 비해 북녘은 1만 2000문이나 된답니다. 장갑차는 남과 북이 2300대로 비슷하고요. 전투함은 남녘이 170척, 북녘은 430척이에요. 잠수함은 북녘이 남녘보다 아홉 배나 많은 90척을 갖고 있으며, 전투기도 남녘 520대, 북녘 850대랍니다.

　남과 북의 군사력을 비교해 보면 북녘이 군인이나 무기가 월등히 많아요. 그렇다면 당연히 북녘이 남녘보다 많은 돈을 국방비로 쓰지 않겠냐고요? 글쎄요. 아줌마도 그게 이상하군요. 사실은 남녘이 북녘보다 많은 돈을 국방비로 쓰거든요. 왜 그런지 아줌마가 차근차근 설명해 줄게요.

　남녘은 국내 총생산(GDP)의 2~4%를 국방비로 쓰지만, 북녘의 국방비는 국내 총생산의 23~26%나 된다니까 북녘이 남녘보다 훨씬 많은 돈을 국방비로 쓰는 것 같지요? 하지만 실제는 그렇지 않아요. 지난 2000년 기준으로 볼 때 남녘은 북녘보다 국내 총생산이 30배나 더 많거든요.

예를 들면 2003년 남녘의 국방비 예산은 17조 4064억 원으로, 북녘의 2~3배나 된답니다. 게다가 해마다 주한 미군 주둔 비용으로 지출하는 30억 달러를 포함하면 남과 북의 국방비 총액의 차이는 더욱 커지지요.

결국 북녘은 국내 총생산도 넉넉지 않을 뿐더러 그 가운데 많은 부분을 국방비로 쓰는 셈이에요. 따라서 북녘이 국방비를 뺀 나머지 돈으로 생활 필수품을 생산하는 등 다른 경제 활동에 쓰더라도 남녘에 비하면 턱없이 부족한 금액이에요. 북녘이 어려움을 겪는 것도 바로 이 때문이랍니다.

또 한 가지, 북녘이 남녘보다 탱크며 대포, 잠수함, 전투기 등이 훨씬 많다 해서 군사력이 강하다고 할 수 없어요. 왜냐 하면 북녘이 지닌 무기들은 대부분 낡은 것들이기 때문이에요. 북녘은 많은 돈을 국방비로 쓸 수 없어서 낡은 무기를 그때 그때 새 것으로 바꾸기 어려워요. 그래서 무기의 수는 남녘보다 많지만 성능 면에서 많이 뒤떨어져요. 게다가 북녘은 경제적 어려움에 시달리다 보니 탱크나 전투기를 움직일 기름이 별로 없어요. 기름이 없으면 탱크나 전투기가 아무리 많아도 고철덩이에 지나지 않아요.

그렇다면 북녘은 왜 넉넉지 않은 돈에서 국방비를 그토록 많이 지출할까요? 어린이 여러분, 역지사지(易地思之)란 말 아세요? '다른 사람의 처지가 되어 생각해 본다' 는 뜻이에요. 우리 함께 북녘 사람들 처지가 되어 생각해 봐요.

북녘도 많은 돈을 경제 발전에 투자해서 주민들의 생활을 윤택하게 하고 싶어요. 그런데 웬걸, 남녘을 보니까 엄청난 비용을 국방비로 쓰는 거예요. 게다가 세계 최고의 군사력을 지닌 미군까지 남녘 땅에 들어와 있어요. 북녘도 국내 총생산의 3~5%만 국방비로 쓰고 싶은데, 그러면 돈이 너무 적어요. 기껏해야 10억 달러 수준이니까 남녘에 비하면 어림도 없는 금액이잖아요. 무리를 해서라도 국내 총생산의 4분의 1가량을 국방비로 쓰는 것도 이 때문이에요. 사실 북녘은 지금도 불안해하고 있다고 해요. 남녘의 국방력 수준은 날로 높아 가는데 경제력이 약하다 보니 국방력을 키울 수도 없고, 많은 돈을 국방비에 투자하다 보니 경제 발전은 제자리 걸음 하는 악순환에 빠져 있거든요.

이제 북녘 사람들의 처지를 좀 이해하겠죠? 그렇다면 우리는 어떻게 해야 할까요? 물론 통일을 해야지요. 아줌마가 앞서 말했듯이 통일하면 국방비도 훨씬 줄어들고 나머지 돈을 경제 발전에 쓸 수 있답니다.

하지만 통일을 위해서 먼저 준비할 일이 있어요. 남과 북이 서로 침략하지 않겠다는 불가침 선언을 하거나 평화 협정을 맺는 거예요. 그 다음엔 조금씩 국방비를 줄여 나가는 거죠. 국방이란 외국의 침략으로부터 자기 나라를 보호하는 수단이기 때문에 어느 한쪽에게만 줄이라고 요구할 수는 없어요. 남과 북이 합의해서 동시에 해야 하는 일이에요. 여러분, 무협 영화 보았죠? 두 검객이 칼싸움을 하다가 동시에 상대방의 목에 칼을 들이댔어요. 그대로 찌르면 둘 다 목숨을 잃으니 서로 칼을 거두기로 해요. 하지만 어느 한쪽이 먼저 거두는 법은 없어요. 내가 먼저 칼을 거두면 상대방이 찌를지도 모르니까요.

마찬가지로 국방비를 줄이려면 어느 한쪽이 먼저 그렇게 하길 바라서는 안 돼요. 남과 북이 합의해서 동시에 군비를 축소해야 한답니다. 이렇게 차츰 군비를 줄여 나가면 북녘도 국방비의 일부를 경제 발전에 투자할 수 있을 거예요. 그러면 생활 필수품도 많이 생산하고 지금보다 여유로운 생활을 할 수 있겠지요? 더는 굶주리는 사람도 없을 거고요.

어린이 여러분, 이제 북녘 사람들이 우리보다 못 살게 된

원인을 알 수 있겠지요? 역지사지. 상대방의 처지가 되어 생각하면 그전에 이해할 수 없던 일들도 이해하게 된답니다. 혹시 친구와 다투어 마음이 상했다면 그 친구의 처지가 되어 생각해 보세요. 잘못이 내게 있지는 않은지 차분히 생각하고, 친구의 마음을 헤아려 보자고요. 그러면 친구와 좀더 빨리 화해할 수 있을 거예요.

북녘 사람들 처지에서 생각해 볼 때 그들을 더 잘 이해할 수 있답니다. 총과 대포를 녹여서 보습*을 만들 수 있게 어서 빨리 통일의 날이 왔으면 좋겠어요.

---

* 보습 : 쟁기에 쓰는 삽 모양의 쇳조각.
  오랫동안 세계 평화 운동의 표어로 사용되는 성경 구절이 있습니다. 구약 성경 미가서 4장 3절의 "칼을 쳐서 보습을 만들고 창을 쳐서 낫을 만들 것"이라는 말씀입니다. 여기서 보습과 낫은 농사 짓는 도구고, 칼과 창은 무기를 의미합니다. 무기를 들고 싸우던 것을 바꾸어 농기구를 들고 생산하는 일을 하라는 것입니다.

임수경 아줌마의 통일 이야기 11

남과 북이 서해에서 왜 자꾸 싸우나요?

　여러분, '게장은 밥 도둑'이라는 속담을 들어 봤나요? 어느 새 밥을 다 먹었는지 모를 정도로 게장이 매우 맛있다는 뜻을 담은 말이에요. 또 '게장 다리 하나면 밥 한 그릇 비운다'는 말도 있답니다.

　이렇게 맛있는 게장을 담그려면 우선 싱싱한 꽃게가 있어야 해요. 예전에는 민물에 사는 참게를 최고로 쳤지만, 요즘은 보기 드물어 주로 꽃게를 이용하고 있어요. 싱싱한 꽃게 여러 마리를 항아리에 담고 마늘, 파, 생강 등을 넣고

끓인 간장을 식혀서 붓습니다. 그러고 나서 항아리 뚜껑을 덮고 보름 정도 기다리면 맛있는 게장이 완성되지요. 꽃게는 게장 외에 찜이나 탕으로도 요리해 먹어요. 꽃게찜은 담백한 꽃게의 살이 별미고, 탕은 얼큰하고 시원한 국물 맛이 일품이지요. 우리 나라에서 꽃게가 가장 많이 잡히는 곳은 서해의 연평도 부근이랍니다. 이 곳은 해마다 6월이 되면 꽃게잡이 어선들로 시끌벅적해져요.

꽃게가 가장 많이 잡히는 6월에 서해에서는 남녘 어부 아저씨들과 북녘 어부 아저씨들의 경쟁이 심해요. 꽃게가 잡히는 바다를 사이에 두고 남녘과 북녘이 가깝게 닿아 있기 때문이에요. 남녘과 북녘이 휴전선과 군사 분계선으로 나누어진 것은 여러분도 알지요? 물살이 자유롭게 넘나드는 바다도 남녘과 북녘으로 나뉘어 있는데, 그 경계선을 북방 한계선(NLL : Northern Limit Line)이라고 불러요. 즉, '남녘 사람이 북쪽으로 갈 수 있는 가장 끝을 나타내는 선'이라는 뜻이에요. 반대로 '북녘 사람이 남쪽으로 갈 수 있는 가장 끝을 나타내는 선'이라는 뜻도 되겠지요. 북녘과 남녘은 이 한계선을 넘지 않기로 약속을 했어요.

하지만 꽃게철인 6월이 되면, 이 약속이 잘 지켜지지 않을

때가 있어요. 남과 북의 어민들이 더 많은 꽃게를 잡으려다 상대방의 구역으로 넘어가는 일이 생기는 거지요. 만약 여러분이 허락도 받지 않고 남의 집 담을 넘는다면 그 집 어른에게 꾸중을 듣거나 부모님께 혼나겠죠? 이와 마찬가지로 남녘과 북녘의 군인 아저씨들은 혹시 어민들이 상대방의 구역으로 넘어가 혼나지나 않을까 걱정되어 따라다니면서 보호해 주고 있어요.

그런데 불행한 일이 일어났어요. 1999년과 2002년 서해안 연평 앞바다에서 남과 북의 군인 아저씨들이 서로 총과 포탄을 쏘는 일이 벌어진 거예요. 그 싸움으로 인해 남과 북의 군인 아저씨 수십 명이 죽거나 다쳤답니다. 남과 북은 서로 상대방의 잘못으로 이런 일이 생긴 것이라며 책임을 떠넘겼어요. 또 남녘 사람들끼리도 다투었어요. 이 일이 북녘의 의도적인 도발이라 생각하는 사람들과 남북의 어선들이 꽃게를 잡기 위해 북방 한계선을 넘나들면서 생긴 일시적인 충돌이라고 생각하는 사람들의 의견이 팽팽히 맞섰기 때문이에요. 다행히 평화를 바라는 많은 사람들이 노력하고, 싸움이 다시 일어나지 않도록 하는 해결책이 제시되면서 남녘과 북녘은 이제 다투지 않는답니다.

아줌마가 이야기 하나 들려 줄게요.

옛날 아프리카에 커다란 나무가 한 그루 있었어요. 나무 위의 동쪽과 서쪽에는 각각 검은 원숭이와 흰 원숭이 가족이 살았지요. 나무에는 두 원숭이 가족들이 배불리 먹고도 남을 만큼 맛있고 탐스런 열매가 많이 열려 있었어요.

그런데 어느 날, 폭풍이 불어와 동쪽 나뭇가지 하나가 부러졌지 뭐예요. 하루는 배가 고파진 검은 새끼 원숭이가 열매가 더 많이 달린 서쪽 나뭇가지로 건너갔어요. 마침 그 곳에는 흰 새끼 원숭이가 열매를 따 먹고 있었어요. 흰 새끼 원숭이는 검은 새끼 원숭이를 보자 소리를 지르며 아빠 원숭이를 불렀답니다. 그런데 그 소리를 검은 아빠 원숭이가 먼저 들었어요. '아, 우리 아이가 위험에 처했나 보다' 생각한 아빠 원숭이는 재빨리 서쪽 나뭇가지로 건너갔어요. 그러고는 새끼를 안고 다시 동쪽으로 건너가려는데, 흰 아빠 원숭이가 나타나 검은 원숭이를 향해 주먹을 날렸어요. 검은 원숭이는 새끼를 내려 놓고 흰 원숭이와 뒤엉켜 마구 때리고 물며 싸웠어요. 이윽고 엄마 원숭이들까지 싸우게 되어 싸움은 더욱 거칠어졌어요. 이러는 동안 맛있는 열매들이 비처럼 떨어져 내리고 잎사귀가 바람처럼 흩어졌어요. 게다가 네 마리 원숭이의 무게를 못 이긴 나뭇가지가 뚝! 하고 부러지는 게 아니겠어요? 뒤엉켜 싸우던 원숭이들은 떨어지고 말았답니다. 그 때 나무 아래에는 배고픈 사자 두 마리가 원숭이들의 싸움을 지켜보고 있었어요. 원숭이들은 떨어져서도 싸우느라 사자가 있는 줄도 몰랐지요. 사자들은 조용히 다가가 원숭이들을 잡아서는 유유히 사라졌답니다. 엄마 아빠를 잃은 새끼 원숭이들은 무서워서 내려갈 수도 없었어요. 이들은 빈 나뭇가지를 붙들고 엉엉 울었답니다.

어린이 여러분, 같은 나무에서 살던 원숭이들이 서로 조금씩 이해하고 도왔다면 싸움이 일어났을까요? 사자에게 잡아먹혔을까요? 물론 그렇지 않았겠지요.
서해에서 일어난 남북 간의 무력 충돌은 자칫 큰 싸움으로 번질 수도 있었지만 다행히 잘 해결되었어요. 하지만 싸움의 불씨가 완전히 사라진 것은 아니랍니다. 북방 한계선이 그어져 있는 한, 꽃게가 많이 잡히는 6월이 되면 남과 북은 늘 긴장할 수밖에 없거든요.
그렇다면 남과 북이 싸우지 않고도 알이 꽉 찬 꽃게를 잡을 수 있는 방법은 없을까요? 물론 통일을 하면 물결이 넘실대는 평화로운 바다에서 남녘과 북녘의 어부들이 사이좋게 꽃게를 잡을 수 있지요. 하지만 통일은 아무런 노력 없이 갑자기 이루어지는 것이 아니에요. 남과 북이 서로 이해하고 화해하고 협력할 때 가능한 것이지요. 아줌마 생각엔 통일하기 전까지 북방 한계선을 '남북 공동 어로 구역'으로 만들어 남과 북이 함께 꽃게를 잡으면 좋을 것 같아요. 꽃게가 많이 잡히는 6월만이라도 이렇게 한다면 남북의 어민들이나 군인 아저씨들이 서로 싸우지 않아도 될 테니까요. 아줌마 생각이 어때요? 여러분에게 더 좋은 생각이 떠올랐다고요? 아줌마에게도 가르쳐 주지 않을래요?

임수경 아줌마의 통일 이야기 12

북녘에도 입시 지옥이 있나요?

어린이 여러분, 혹시 여러분의 삼촌이나 고모가 대학 입시 때문에 골머리를 앓는 모습을 본 적이 있나요? 많은 중·고등 학생들이 대학에 가려고, 혹은 남들보다 좋은 대학에 가려고 열심히 공부해야 해서 '입시 지옥'이라는 말이 생겼어요. 여러분이 대학에 갈 때쯤에는 이런 입시 지옥이 사라졌으면 좋겠어요.

　남녘이 이렇다 보니 북녘에도 입시 지옥이 있는지 궁금한 게 당연하지요. 북녘에는 입시 지옥이 있다고 할 수도 있고,

없다고 할 수도 있어요. 무슨 말이냐고요? 아줌마가 북녘의 교육 제도를 차근차근 설명해 줄게요.

남녘의 교육 제도는 여러분도 다 알고 있듯이 초등 학교 6년, 중학교 3년, 고등 학교 3년, 대학교 4년 과정이에요. 북녘은 이와 다르답니다. 북녘의 교육 제도는 소학교 4년, 중학교 6년, 대학교 4년으로 되어 있어요. 그리고 북녘에는 '11년 의무 교육 제도'라는 게 있어서 유치원 높은 반 1년, 소학교 4년, 중학교 6년 동안 수업료를 내지 않고 학교에 다닌답니다.

북녘에도 음악 학교, 무용 학교, 조형 예술 학교, 외국어 학교, 체육 학교, 공예 학교 등 특수 학교가 있어요. 이러한 학교에서는 예·체능에 재능이 있는 학생들을 선발해서 조기 교육을 시킨다고 해요.

우리의 대학교에 해당하는 교육 기관으로는 '김일성 종합 대학', '김책 공업 종합 대학', '고려 성균관 대학' 등 종합 대학 세 곳과 공업 대학, 농업 대학, 의학 대학, 철도 대학, 사범 대학, 연극 영화 대학, 경제 대학 등 280여 대학이 있어요. 생산 현장에는 공장 대학, 농장 대학, 수산 대학 등이 있답니다.

북녘에서도 대학 교육은 의무 교육이 아니지만, 대학에 다니는 동안에는 의무 교육과 마찬가지로 아무도 수업료를 내지 않아요. 생각해 보세요. 대학 교육이 공짜라는데 어떤 사람이 입시를 마다하겠어요? 그래서 북녘에도 대학 입시를 앞두고 치열한 경쟁이 벌어진답니다.

남녘에선 해마다 11월에 수학 능력 시험을 치러서 성적이 나오면 자신의 적성과 성적에 맞는 대학에 지원해요. 대학에선 지원한 학생들을 대상으로 논술이나 면접 시험을 치러 합격, 불합격을 정하고요.

북녘도 이와 비슷해요. 해마다 5월이 되면 전국에 있는 중학교 6학년들은 대학 입학 시험을 치른답니다. 시험이 끝나면 등수를 매긴 성적표가 나오고, 성적에 따라 지원할 대학을 배정하지요. 학생들은 7월에 배정된 대학에 가서 다시 시험을 치러야 해요.

북녘에도 인기 대학이 있어요. 공업 대학, 의학 대학, 외국어 대학은 인기가 좋아 북녘 학생들이 서로 들어가려고 할 정도로 경쟁이 치열하대요. 이렇게 보면 북녘에도 입시 지옥이 있다고 할 수 있겠지요.

하지만 북녘의 학생들은 남녘의 입시생들처럼 대학에

가려고 기를 쓰지는 않아요. 남녘에서는 좋은 대학에 가려고 중·고등 학교 때부터 고액 과외를 하거나 학원에 다녀요. 대학에 떨어지면 재수, 삼수도 하고요. 하지만 북녘에서는 대학에 떨어지면 군대에 가거나 곧장 사회로 뛰어들어요. 북녘 학생들은 대학에 큰 미련을 두지 않거든요. 따라서 재수생도 없답니다. 이렇게 보면 북녘에는 입시 지옥이 없다고도 할 수 있겠지요.

　북녘에선 당 간부나 고위 관리의 자녀들만이 대학에 들어갈 수 있는 것으로 오해하는 남녘 사람들도 있어요. 사실 남녘의 서울 대학교처럼 북녘에서 최고로 치는 김일성 종합 대학에는 고위층 자녀들이 전교생의 절반을 차지한다고 해요. 남녘에서 부잣집 학생들이 고액 과외를 하거나 학원에 다녀서 좋은 대학에 많이 가는 것과 별반 다르지 않아요. 하지만 아무리 고위 관리의 자녀라 해도 공부를 못하면 대학에 들어갈 수 없어요. 고위층의 자녀가 그렇지 않은 학생보다 공부할 수 있는 여건이 좋다 보니 김일성 종합 대학에 그 사람들이 많은 것뿐이지요.

　통일이 되면 우리 나라 교육 제도는 어떻게 달라질지 함께 생각해 볼까요? 통일이 되면 군대를 유지하고 무기를 사거나

만드는 데 지금처럼 막대한 돈을 쓸 필요가 없어요. 그 돈을 어린이와 청소년을 교육하는 데 사용하면, 교육 제도가 지금과 많이 달라지겠지요? 남녘과 북녘의 교육 제도 중에서 좋은 것만 남기고, 나쁜 것은 없애면 어떨까요? 그러면 아마 어느 선진국 못지않을 거예요. 좋은 학교도 많이 세우고, 어린이와 청소년들이 맘껏 뛰어놀 시설도 충분히 지을 수 있고요. 유치원부터 대학까지 공짜로 공부할 수도 있겠지요. 그렇게 되면 공부하고 싶은 사람은 얼마든지 공부하고, 공부말고 다른 일이 하고 싶은 사람은 그 일을 할 수도 있을 거예요. 시험 성적으로 사람을 판단하는 세상이 아니라, 모든 사람들이 자유롭고 존중 받는 세상이 될 테니 입시 지옥이란 말도 없어지겠지요. 하루라도 빨리 통일해야 입시 지옥도 그만큼 빨리 이 땅에서 사라질 거예요.

여러분이 자라서 대학에 갈 때는 꼭 그런 세상이 되도록 우리 함께 통일을 만들어 가요.

임수경 아줌마의 통일 이야기 13

우리가 모르는 북녘 말이 왜 그렇게 많지요?

민족이란 삶의 터전인 땅, 핏줄, 언어 등이 같은 사람들의 집단을 가리키는 말이에요. 한민족이란 다른 민족과 구분하기 위해 우리 민족을 가리켜 부르는 이름이고요. 또 같은 민족이라는 뜻이기도 해요. 따라서 우리가 남과 북을 한민족이라고 할 때는 '단군 할아버지 때부터 한반도에서 함께 살아 온 사람들, 같은 조상을 지닌 사람들, 같은 말을 사용하는 사람들'이란 뜻이지요.

그런데 다른 지방 사람들을 만나면 의사 소통이 어려울

때가 있어요. 지방마다 방언(사투리)이 있기 때문이지요. 나라를 대표하는 말을 정해서 모든 사람들이 그 말을 배우고 쓰게 하는 것도 이런 혼란을 막기 위해서랍니다. 남녘을 대표하는 말은 무엇일까요? 바로 표준어예요. 그리고 남녘에 표준어가 있듯이 북녘에는 문화어가 있어요. 국어 사전에 보면 표준어는 '교양 있는 사람들이 두루 쓰는 현대 서울말'이라고 나와 있고, 북녘의 사전에는 '평양을 중심으로 하여 세련되고 주체성 있게 발전한 우리 민족어의 전형'이라고 문화어의 뜻을 풀이해 놓았어요.

언어는 시대에 따라 변하게 마련이에요. 이를테면 '뫼', '가람', '온'이란 말은 지금 사용하지 않아요. 하지만 예전에는 우리 조상들이 산, 강, 100을 뜻하는 말로 썼답니다. 또한 예전에는 없던 자동차, 지하철, 비행기와 같은 말을 지금은 사용하지요. 이렇듯 말이란 시대에 따라 없어지기도 하고 새로 만들기도 해요.

남과 북이 갈라진 채 오랜 세월을 지내다 보니 각자 상황에 맞게 말이 변했어요. 특히 북쪽에서는 한자를 '다른 나라 글자고, 중국 사람들도 배우기 힘들고 쓰기 불편하여 버리고자 하는데 우리만 쓸 필요는 없다'고 생각해요. 그래서 같은 뜻을 지닌 낱말로 고유어와 한자어 두 가지가 있으면 되도록 고유어를 쓴답니다. 외래어도 마찬가지예요. 남쪽에서 외래어가 넘쳐나는 것과 달리 북쪽에서는 외래어도 우리말로 고쳐서 쓴답니다. 예를 들어 볼까요.

▶ 한자어를 고유어로 바꾼 경우

주차장 – 차마당	미풍 – 가는바람
유모차 – 애기차	옥토 – 진땅
가발 – 덧머리	합병증 – 따라난병

▶ 외래어를 바꾼 경우

프라이팬 – 지짐판	스프레이 – 뿌무개
터널 – 차굴	브래지어 – 가슴띠
슬리퍼 – 끌신	노크 – 손기척
도넛 – 가락지빵	코너킥 – 구석차기

이처럼 남녘에선 그냥 쓰는 한자어와 외래어를 북녘에선 우리말 식으로 고쳐서 쓰고 있어요. 어때요, 북녘이 우리 민족의 고유어를 보존하고 발전시키려고 노력하는 모습, 보기 좋지요?

오목샘의 뜻은 나중에 나옵니다. 찾아 보세요.

세계 역사를 들여다보면 자기 나라의 언어를 지킨다는 게 얼마나 중요한 일인지 알 수 있어요. 중국 대륙에 원이라는 큰 나라를 세운 몽골족을 보세요. 몽골족은 중국 대륙을 지배했지만 한족을 지배하지는 못했어요. 오히려 한족의 문화에 동화되어 갔지요. 결국 오래 못 가서 원은 망하고 한족이 명나라를 세웠잖아요. 한족이 문화의 핵심인 언어를 지켰기 때문이에요. 요나라를 세운 거란족과 청나라를 세운 만주족은 언어를 지키지 못해 민족까지 사라지고 말았어요.

우리 역사를 보더라도 알 수 있어요. 1910년 일본 제국주의가 조선을 강제로 합병했지만, 우리 조상들은 35년이라는 세월을 견뎌 1945년에 기어이 독립을 이뤘어요. 창씨 개명, 조선어 사용 금지 등의 시련을 겪으면서도 우리말을 지켜 냈기 때문에 가능한 일이었지요. 말을 지킨다는 것은 그 말을 사용하는 민족의 얼을 지키는 것이에요. '가장 한국적인 것이 가장 세계적' 이라는 말 들어 보았죠?

통일하면 우리말은 어떻게 될까요? 처음에는 서로 다른 말도 있고, 억양도 달라서 의사 소통에 어려움이 있을 거예요. 하지만 통일 조국을 대표하는 말을 정할 테고, 국민 모두

TV를 통해 그 말을 자주 접하고 학교에서도 배우겠지요. 그러면 어려움은 금방 사라지고 남과 북 어디서나 아무런 불편 없이 대화를 나눌 수 있을 거예요.

  통일 조국을 대표하는 말은 어느 지역 말로 정할 것 같냐고요? 그건 아직 알 수 없지요. 통일한 나라의 수도에서 사용하는 말이 우리 나라를 대표하는 말이 되지 않겠어요? 통일한 나라의 정치·사회·문화적 중심지에서 사용하는 말이 남과 북이 함께 쓸 말이 되겠지요.

  통일하면 남과 북의 어휘가 더해져서 우리말이 매우 풍성해지겠지요. 하지만 지금처럼 남북으로 분단된 채 더 많은 시간이 흐른다면, 남녘과 북녘의 말도 그만큼 달라져서 통일한다 해도 의사 소통하는 데 어려움이 많을 거예요. 그런 면에서라도 하루빨리 통일해야겠어요.

북녘 사람들은 어떤 옷을 입나요?

1980년대 초까지만 해도 북녘의 남자들은 대개 레닌모라 불리는 모자를 쓰고, 목까지 단추를 채우는 인민복을 입었어요. 여자들은 대부분 우리 민족의 전통 복장인 검은색 통치마에 흰색 저고리를 입었고요. 촌스럽다고요? 그런데 남녘 사람들도 1970년대 초반까지는 그와 비슷한 옷을 입었답니다. 서양 문물이 수입되고 널리 퍼지면서 한복보다는 양복을 즐겨 입은 것이지요. 이제 남녘에서는 설날이나 추석과 같은 명절이 아니면 전통 의상을 차려 입은 모습을 보기가 어려워요.

눈치 빠른 어린이들은 아줌마가 무슨 말을 하려는지 알 거예요. 북녘 사람들이 전통 의상을 입은 모습은 결코 촌스러운 게 아니에요. 우리의 시각이 서양식 복장에 길들여져서 그렇게 보이는 것뿐이지요. 북녘은 서양 문물을 쉽게 받아들이지 않아요. 물론 그럴 만한 여유가 없기도 하지만, 우리 민족 고유의 것을 아름답게 여기고 보존하려고 노력하지요. 그래서 지금도 전통 의상을 즐겨 입는답니다.

하지만 북녘도 1980년대부터는 달라졌어요. 남자들은 신사복에 넥타이를 매고 점퍼, 짝짝이 색 옷(콤비)을 입는 일이 많아졌어요. 여자들도 색깔이 밝고 화려한 옷에 굽이 높은 구두를 신고 짧은 치마를 입기도 한답니다. 이제 전통적인 것만 고집하지 않고 외국 문물이라 하더라도 편하고 실용적이며 아름답다면 받아들이겠다는 태도로 바뀐 것이지요.

북녘에도 유행이 있어요. 아줌마가 1989년에 세계 청년 학생 축전에 참가하려고 평양에 갔을 때, 청바지와 반소매 티셔츠를 입었거든요. 그 뒤로는 평양에서 청바지와 반소매 티셔츠가 유행이었대요. 북녘 사람들이 아줌마를 예쁘게

보았나 봐요.

그렇다면 여러분 또래의 인민 학교 학생들의 복장은 어떨까요? 북녘에서는 인민 학교 1학년 때부터 교복을 입어요. 평소에는 체육복처럼 간편한 차림으로 지내기도 하지요. 그런데 인민 학교 2학년 이상이면 모두 빨간 넥타이를 맨답니다. 인민 학교 2학년 때부터 모든 학생들이 '소년단'에 가입하는데, 소년단의 표시가 바로 빨간 넥타이거든요.

북녘 사람들의 옷을 살펴보았으니, 음식과 집 이야기도 해 줄게요.

여러분이 알고 있는 북녘의 유명한 음식은 뭐지요? 아하, 함흥 냉면이라고요. 함흥은 함경 남도에 있는 도시예요. '함흥 차사'라는 고사 성어도 있어요. 이방원이 함흥에 있는 아버지에게 사신을 보낼 때마다 이성계가 죽여서 돌아오지 못했기 때문에, 소식을 전하러 갔다가 아무런 기별이 없는 사람을 함흥 차사라고 하잖아요. 바로 그 함흥인데요, 북녘 사람들은 함흥 냉면이라 부르지 않고 '녹마 국수'라고 한답니다. 왜냐 하면 함흥 냉면의 국수는 감자를 갈아서 얻은 녹말로 만드는데, 함경도 방언으로 녹말을 '녹마'라고 하기 때문이에요. 남쪽에서도 함흥 냉면이라는 간판을 단 음식점을 쉽게 볼 수 있지요. 여름철이면 남녘과 북녘 사람들 모두 함흥 냉면을 즐겨 먹는답니다.

　북녘에서는 개인 소유가 제한되어 있어요. 몇 가지를 제외하고는 모두 공동으로 사용하고 공동으로 소유한답니다. 주식인 쌀과 잡곡도 마찬가지예요. 쌀과 잡곡을 적당한 비율로 섞어 보름에 한 번꼴로 나라에서 배급을 주지요. 반찬거리도 배급표를 주는데, 그 표를 가지고 식료품 가게에 가서 바꾸면 된답니다. 그럼 여행할 때는 어떻게 식사를 하냐구요? 예전에는 '양표'라는 것을 내고 밥을 먹었어요. 하지만 요즘은 '양표'가 없어지고 그냥 돈을 내고 먹는답니다.

　북녘 사람들은 어떤 집에서 살까요? 남녘의 서울을 비롯한 도시에는 아파트가 많아요. 연립 주택도 있고 단독 주택도 있지요. 집 안 구조도 방이 여러 개에 거실과 입식 부엌이 있는 집도 있고, 모든 것이 방 하나에 갖춰진 원룸 형태의 집도 있어요. 시골에 가면 양옥도 있지만, 슬레이트 지붕에 흙이나 돌로 담과 벽을 세운 집들도 눈에 띄어요. 기와집이나 초가집도 남아 있고요.

북녘의 도시는 남녘과 비슷해요. 평양에 가면 40층짜리 아파트도 있고 연립 주택도 있어요. 시골에서는 집단을 이루며 살아요. 남녘처럼 뚝 떨어진 외딴집을 찾기는 어려워요. 대부분 3~4층짜리 소규모 아파트나 단층 주택에서 산답니다. 나라에서 집을 마련해 주기 때문에 월세나 전셋집으로 옮겨 다니며 집 없는 설움을 겪지는 않지만, 내부 시설과 가전 제품 등은 남녘에 비해 초라하거나 부족한 것도 사실이에요.

　어린이 여러분, 이제 북녘 사람들의 의식주에 대해 조금은 알겠지요? 사람이 살아가는 데 꼭 필요한 것이 바로 의식주예요. 북녘에선 이런 기본적인 것들을 대부분 나라가 해결해 준답니다. 그런데 1995년부터 3년간 계속된 큰물 때문에 많은 농토를 잃어버렸어요. 북녘은 부족한 식량을 수입하려 했지만, 90년대 중반에 많은 공산주의 나라들이 무너지는 바람에 그것마저 여의치 않았답니다. 게다가 미국이 대북 봉쇄 정책을 유지하면서 인도적인 쌀 지원까지 간섭하려 드는 통에 적십자나 유엔(UN) 등 국제 기구들이 북녘 구호 활동을 펴는 데도 어려움이 많았어요. 우리 정부도 북녘의 아픔을 함께 한다는 의미로 밀가루와 쌀을 지원했지요.

경북 대학교의 옥수수 박사 김순권 할아버지가 슈퍼 옥수수 씨를 보내 주고, 직접 찾아가서 재배법을 가르쳐 주기도 했답니다. 당장 먹을 식량을 보내 주는 것도 중요하지만, 멀리 내다보고 식량 부족 사태를 해결할 방법을 가르쳐 줘야겠다고 생각하신 것이지요. 하지만 북녘은 여전히 어려운 상황이에요. 배급도 줄고 급기야 배급할 식량이 떨어져서 많은 사람들이 굶주리기도 한대요.

그런데 남녘에서 한 해 동안 버리는 음식물 쓰레기를 값으로 따지면 얼마인지 아세요? 놀라지 마세요. 무려 15조 원이나 된대요. 또 그 쓰레기를 처리하는 비용이 4000억 원이 넘는답니다. 혹시라도 집에서 반찬 투정을 하거나 음식물을 함부로 버리는 어린이가 있다면 굶주리는 북녘의 동포들을 생각해 봐요. 우리와 한민족인 북녘 사람들에게는 쌀알 한 톨이 소중한 시기랍니다.

임수경 아줌마의 **통일** 이야기 15

북녘 어린이들은
무엇을 하며 놀아요?

여러분 컴퓨터 게임 좋아하죠? 아마도
싫어하는 어린이는 없을 거예요. 하지만 컴퓨터 게임을 너무
많이 하면 안 되는 것도 알지요? '지나침이 모자람만 못
하다'는 옛말이 있어요. 모자라는 것도 나쁘지만 지나치면 더
좋지 않다는 뜻이에요. 컴퓨터 게임을 너무 오래 하면 눈이
나빠지고 머리가 둔해진대요. 또 컴퓨터 게임은 대개 혼자
즐기는 것이어서 친구들이나 가족과 만나고 얘기 나누는
시간을 빼앗기도 해요.

예전에는 윷놀이, 팽이치기, 연날리기 등 여럿이 함께 하는 놀이를 즐겼어요. 그래서 몸도 튼튼해지고 친구들과 사이도 좋았지요. 혹시 여러분 가운데 학교에서 돌아오면 컴퓨터 앞에 앉아 게임만 하는 어린이가 있나요? 그렇다면 아줌마 얘기를 잘 들어 보세요.

북녘의 여러분 또래 어린이들은 컴퓨터 게임을 하지 않아요. 그처럼 재미있는 걸 왜 안 하냐고요? 컴퓨터 게임을 하려면 우선 컴퓨터가 있어야겠지요? 북녘에서는 컴퓨터가 아주 비싸고 귀한 물건이라 일부 학교나 대학, 연구소에만 있어요. 그렇기 때문에 컴퓨터 게임을 할 수 없답니다.

남녘처럼 컴퓨터가 많지는 않지만 북녘에도 '컴도사'들이 있어요. 김일성 종합 대학에 컴퓨터 학과가 생겼을 뿐만 아니라, 평양과 함흥에는 컴퓨터 기술 대학이 있답니다. 특히 2001년부터는 컴퓨터 수재 양성 사업을 시작해서 컴도사들을 키운대요. 북녘에서는 인민 학교 졸업을 앞둔 학생들 중에서 컴퓨터에 재능이 있는 학생들을 뽑아요. 어렵고 까다로운 시험을 통과한 학생들은 평양에 있는 만경대 학생 소년 궁전과 평양 학생 소년 궁전, 금성 제1 고등 중학교, 금성 제2 고등 중학교에 있는 컴퓨터 수재 양성반에서 공부하게 됩니다. 이 학교 학생들은 한 달쯤 지나면 스스로 간단한 프로그램을 만들 수 있을 정도로 능력이 뛰어나대요.

컴도사라고 자부하는 어린이 여러분! 컴퓨터로 게임만 즐기다가 나중에 통일이 되면 북녘 친구들에게 핀잔을 들을지도 몰라요. 북녘의 컴도사들이 여러분보다 컴퓨터를 훨씬 잘 다룰 수도 있잖아요.

그렇다면 북녘 어린이들은 무슨 놀이를 하며 지낼까 궁금하지요? 북녘 어린이들의 놀이 중에서 재미있는 것을 몇 가지 소개해 줄게요. 활쏘기 놀이, 돌팔매 놀이, 수박 따기 놀이인데 아줌마 설명을 잘 듣고 여러분도 친구들과 한번 해 보세요.

활쏘기 놀이에는 '과녁 활쏘기'와 '멀리 쏘기' 두 가지 방법이 있어요. 과녁 활쏘기는 일정한 거리에 과녁을 세워 놓고 맞히는 놀이예요. 과녁의 가운데에 가깝게 맞힐수록 높은 점수를 얻지요. 멀리 쏘기는 같은 선에 서서 화살을 동시에 쏘아 화살이 가장 멀리 간 사람이 이기는 놀이예요. 우리 민족은 예부터 말 타고 활 쏘는 놀이를 즐겼어요. 그래서인지 올림픽 때 양궁 종목의 메달은 거의 우리 선수들의 몫이에요. 활쏘기는 인내심과 집중력, 결단력을 길러 주는 놀이랍니다. 북녘 아이들은 봄, 여름, 가을 가리지 않고 활쏘기 놀이를 한대요.

돌팔매 놀이에도 두 가지 방법이 있어요. 먼저 두 편으로 가른 다음 자기 편 쪽에 깃발을 꽂아 둡니다. '시작' 소리와 함께 상대편에게 돌을 던지며 다가가서 상대편의 깃발을 잡으면 이기는 거예요. 하지만 이런 식으로 하다가는 돌에 맞아 다칠 수도 있겠지요? 그래서 북녘 어린이들은 주로 멀리 떨어진 곳에 원을 그려 놓고 그 원에 돌을 던지는 놀이를 해요. 과녁 활쏘기와 비슷하지요? 세워 둔 과녁과 땅바닥에 그려 놓은 과녁이 다를 뿐이에요.

수박 따기 놀이는 한 편에 10명씩 두 편으로 가른 다음 시작합니다. 두 편의 주장이 가위바위보를 해서 이긴 쪽이 수박 따는 편이고, 진 쪽이 수박 편이에요. 기차놀이를 하듯 앞사람의 허리에 팔을 두르고 꼭 붙잡아요. 수박 편은 맨 뒤에 있는 사람을 수박 따는 편이 떼어 내지 못하게 도망가야 해요. 수박 따는 편은 수박 편의 맨 뒤에 있는 사람을 떼어 내기 위해 재빠르게 움직여야 하지요.

남녘 어린이들이 하는 '꼬리 잡기 놀이'와 비슷하다고요? 맞아요. 수박 따기 놀이는 열 사람이 함께 움직여야 하므로

협동심을 길러 준답니다. 또 조금만 늦어도 상대편에게 붙잡힐 수 있기 때문에 재빨리 움직이다 보면 순발력과 민첩성도 생기지요.

　북녘 어린이들이 이런 놀이만 하는 건 아니에요. 여러분이 즐기는 씨름, 제기차기, 썰매타기 등 전통 놀이도 한답니다. 그런데 북녘 어린이들이 즐기는 전통 놀이는 단지 놀이만이 아니라 다른 의미도 있대요. 우리 민족은 예부터 다른 나라의 침략을 많이 받았어요. 고조선 때 한나라가 쳐들어온 것을 비롯하여 수나라, 당나라, 원나라, 청나라, 거란족, 흉노족 그리고 왜구까지 헤아릴 수도 없이 많은 민족이 우리 나라를 침략했지요. 그럴 때마다 우리 민족은 용감히 맞서 싸웠어요. 싸우다가 무기가 부족할 때는 돌멩이를 던지기도 했고요. 우리 조상들이 행주 산성에서 돌멩이로 왜구를 물리친 얘기는 여러분도 잘 알지요? 고려 시대에는 '척석군'이라는 군대도 있었대요. 돌을 던지는 군대지요. 돌팔매 놀이는 역사적 전통을 지닌 의미 있는 놀이랍니다.

　하지만 이런 놀이들이 북녘에만 있는 건 아니에요. 여러분의 부모님들도 어렸을 때는 이런 놀이를 하며 지냈어요. 그런데 세월이 지나고 컴퓨터가 널리 보급되자 남녘 어린이들은 컴퓨터 게임만 즐기게 되었어요. 다시 말하면 컴퓨터 게임 때문에 우리의 다양하고 좋은 전통 놀이들이 점차 사라지게 된 거죠.

자, 이제 컴퓨터 앞에만 앉아 있고 싶은 어린이는 없겠죠? 친구들과 어울려 놀다 보면 몸도 튼튼해지고, 다른 사람을 이해하고 배려하는 마음도 생긴답니다. 그러면 친구들과 예전보다 더 사이좋게 지낼 수 있을 거예요.

통일되면 북녘 친구들과 컴퓨터 게임을 하고 싶다고요? 그것도 좋은 생각이에요. 지난 2000년 6월 13일부터 15일까지 열린 남북 정상 회담을 계기로 남녘의 몇몇 컴퓨터 관련 회사들이 북녘의 회사들과 힘을 모으기로 했어요. 그래서 세계적 수준으로 발전하고 있는 북녘의 소프트웨어를 남녘으로 들여 오고, 남녘의 통신 기술을 북녘에 들여 가기로 했답니다. 북녘 친구들도 차츰 컴퓨터 게임 등에 익숙해지겠지요.

통일이 되면 북녘 어린이들과 인터넷으로 멋진 게임을 할 수도 있을 거예요. 하지만 북녘 친구들과 함께 즐길 놀이가 컴퓨터 게임뿐일까요? 활쏘기 놀이, 돌팔매 놀이, 수박 따기 놀이도 배워서 함께 할 수 있을 거예요. 남녘과 북녘 어린이들이 모두 좋아하는 제기차기, 팽이치기, 연날리기, 땅따먹기, 고무줄놀이도 하면 좋겠지요. 북녘 동무들과 채팅도 하게 될 텐데, 이런 채팅 한번 해 보는 건 어때요?
'우리 만나서 수박 따기 놀이 할래?'

임수경 아줌마의 통일 이야기 16

북녘 어린이들도 심청이를 알고 있나요?

당연하지요. 효녀 심청의 고향이 바로 황해도 지방이거든요. 따라서 북녘 어린이들도 어려서부터 앞 못 보는 아버지를 위해 자신을 희생한 심청이 이야기를 들으며 자란답니다. 지금은 비록 분단되어 있지만 우리는 한민족이고, 한 나라 사람이에요. 남과 북이 수많은 문화 유산을 함께 가지고 있는 것만 봐도 알 수 있지요.

여러분 모두 단군 신화를 알지요? 고구려를 세운 동명성왕(주몽) 이야기, 바보 온달과 평강 공주, 호동 왕자와 낙랑 공주…… 이런 신화나 설화들이 생겨난 지역이 지금의 북녘 땅이에요. 그래서 북녘의 친구들도 이런 이야기들을 모두 안답니다. 뿐만 아니라 박혁거세 탄생 설화, 아사달과 아사녀의 슬픈 사랑 이야기, 수로왕 설화, 이 도령과 춘향이 등 남녘 땅에서 생겨난 이야기들도 알아요.

왜냐 하면 이런 신화나 설화, 전설들을 기록한 문헌을 남과 북이 똑같이 인정하기 때문이에요. 고려의 역사를 적어 놓은 『고려사』, 삼국 시대의 역사와 우리 민족의 개국 신화들까지 폭넓게 다룬 『삼국사기』, 『삼국유사』와 같은 책에 있는 이야기들을 남과 북이 똑같이 인정하고 배운답니다.

전설이나 설화는 구비 문학이라고 해요. 글자로 기록한 문학이 아니라 사람들의 입에서 입으로 전해 내려오는 문학이라는 뜻이지요. 지금처럼 인쇄 기술과 출판 여건이 발달한 시대였다면 제주도에서 전해 내려오는 이야기도 불과 몇 달 만에 전국으로 퍼져 나갔을 거예요. 인터넷을 이용했다면 단 하루 만에도 가능했겠지요. 하지만 예전에는 그럴 수 없었기 때문에 사람들의 입과 소문을 통해 전해 내려오는 이야기들이 많았답니다. 조선 시대에도 이런 구비 문학을 수집하고 기록하는 사람들이 있었어요. 그 사람들

덕분에 남과 북이 모두 아는 이야기들이 남게 된 거랍니다.
 하지만 우리 나라가 두 동강난 뒤에는 구비 문학을 따로따로 수집하고 기록할 수밖에 없었어요. 그러다 보니 남녘에서 모르는 북녘 이야기와 북녘에서 모르는 남녘 이야기가 생기게 된 거죠.
 여러분이 모르는 재미있는 북녘 이야기를 들려 줄게요. 아줌마가 평양에 갔을 때 난생 처음 보는 평양이 정말 아름다웠어요. 평양은 아름다울 뿐만 아니라 고구려의 수도인 만큼 많은 전설들이 남아 있어요. 그 가운데 평양의 연광정에 얽힌 이야기예요.

 옛날 평양에 온 중국 사신이 평양의 경치를 구경하려고 연광정*에 올랐어요. 중국 사신은 그만 평양의 아름다움에 넋이 빠지고 말았어요. 그 사람은 중국으로 돌아갈 날이 다가오자 저자거리에 가서 목공에게 액자를 정성껏 만들어 달라고 했어요. 그리고 그 액자에 '천하 제일 강산'이라는 글을 썼지요. 사신은 액자를 들고 연광정에 올라 사람들에게

* 연광정 : 지금의 평양시 중구역 대문동에 있는 고구려 시대 누각.

말했어요.

"세상에 태어나서 머리에 흰 서리가 내릴 때까지 많은 곳에 가 보았지만 이토록 아름다운 곳은 처음입니다. 과연 이 곳이 천하 제일 강산입니다. 저의 간절한 소원이니 이 액자를 누각에 걸어 주시기 바랍니다."

평양 사람들은 중국 사신의 소원을 들어 주기로 하고 그 액자를 연광정의 들보에 걸어 놓았답니다. 그로부터 한참 뒤 우리 나라를 침입한 외적의 우두머리가 그 액자를 보고 크게 화를 내며 소리쳤습니다.

"저 액자를 당장 떼어라. 이 세상 한 끝에 있는 조그만 나라에 어찌 천하 제일 강산이 있다는 게냐?"

우두머리의 명을 받은 졸개들이 액자를 떼어 '천하' 라는 두 글자를 베었어요. 나머지 부분도 잘라 내려는데 외적의 우두머리가 졸개들에게 다시 명령했어요.

"천하라는 말이 거슬리지만 이 곳이 제일 강산이라는 사실은 부인할 수가 없다. 그 액자를 다시 걸어라."

이렇게 해서 지금 연광정에는 '제일 강산' 이라는 현판이 걸려 있어요. 외적의 우두머리조차 평양의 아름다움을 인정한 것이지요.

여러분, 대동강 물을 팔아먹은 봉이 김선달을 알지요?
이번에는 그처럼 재치 있는 사람의 이야기를 들려 줄게요.

김 정승은 벼슬자리에 있으면서 백성들에게 빼앗은 재물로 큰 부자가 된 사람이에요. 그는 나이가 들어 벼슬을 그만두고 고향에 내려와 뱃놀이, 사냥 등을 즐기려고 백성들에게서 또 재물을 빼앗았어요. 그래서 모두 김 정승을 싫어했지요.

김 정승은 노는 것에도 싫증이 나서 흉내를 잘 내는 사람이 있으면 많은 돈을 줄 테니 그 솜씨를 보여 달라고 했어요. 고양이 흉내를 내는 사람, 오리 흉내를 내는 사람 등 별의별 흉내를 내는 사람들이 찾아왔어요. 그런데 어느 날 한 농부가 찾아오더니 김 정승의 흉내를 내겠다는 거예요.

김 정승은 동물 흉내만 보다가 자기 흉내를 내겠다는 사람이 나타나니 호기심이 생겼지요.

농부는 먼저 두 눈을 크게 뜨고 김 정승을 노려보았어요. 내라는 흉내는 않고 자신을 노려보자 김 정승은 화가 머리꼭지까지 치솟았어요.

"고얀 놈 같으니라고. 감히 누구한테 눈깔을 부릅뜨는 게냐!"

그러자 농부가 이렇게 말하는 거예요.
"고얀 놈 같으니라고. 감히 누구한테 눈깔을 부릅뜨는 게냐!"

김 정승은 어이가 없었지요. 지금까지 자기 앞에서 이렇게 당돌한 사람은 없었으니까요. 김 정승은 펄펄 뛰며 농부에게 불호령을 내렸어요. 그럴수록 농부도 김 정승 앞에서 펄펄 뛰었지요. 참다 못한 김 정승이 농부의 뺨을 때렸어요. 농부는 기회는 이 때다 싶어서 김 정승의 뺨을 철썩 때렸답니다.

어때요, 얼굴 한 번 마주 보기도 힘든 정승의 뺨까지 때린 농부의 지혜가 기막히지요?

이처럼 북녘에도 사람들의 입에서 입으로 전해 내려오는 재미난 이야기들이 많답니다. 신화나 전설, 설화뿐만 아니라 속담이나 수수께끼도 있어요. 하늘에 있는 개는 무엇일까요? 맞혀 보세요. 정답은 번개랍니다. 이런 이야기들은 모두 그 이야기를 만든 사람들의 생활과 밀접한 관계가 있어요. 따라서 수천 년 동안 한민족으로 살아 온 남과 북은 비록 오랜 세월을 분단된 채 지내지만, 알고 보면 서로 공감할 만한 이야기가 많답니다.

통일되면 감격에 겨워 들떴다가 시간이 흐르고 서로 다른 점들을 확인하면서 서먹서먹해지기도 하겠지요. 그럴 때 여러분이 먼저 북녘 친구들에게 수수께끼를 내는 거예요. 그리고 아줌마한테 들은 북녘 이야기를 해 주세요. 그러면 마음이 열리고 남과 북이 하나라는 걸 새삼 절실히 깨달을 거예요.

통일하면 남녘과 북녘의 땅이 하나가 되는 것은 물론, 구비 문학과 같은 우리 민족의 문화 유산들도 합쳐져요. 북녘 동무들과 함께 효녀 심청이 뛰어들었다는 인당수에 갈 날이 꼭 올 거예요. 그렇지요?

임수경 아줌마의 통일 이야기 17

북녘 아이들도 만화 영화를 보나요?

'톰과 제리'라는 만화 영화를 본 적 있지요? 북녘에서도 '우둔한 고양이와 꾀 많은 생쥐'라는 제목으로 방영했어요. 하지만 북녘에서는 수입한 만화 영화보다는 주로 직접 만든 만화 영화를 보여 준답니다. '놀고 먹던 꿀꿀이', '소년 장수', '범동이', '고슴도치 부대', '영리한 너구리' 등 북녘 아이들의 사랑을 받은 만화 영화들이 많아요. 북녘의 만화 영화는 세계 어디에 내놓아도 손색이 없답니다.
그 중에서도 '호동 왕자와 낙랑 공주'는 색채미가 뛰어나

찬사를 받은 작품이에요. 특히 고구려의 전통 의상을 철저히 고증하여 되살린 것으로 유명하지요. 낙랑 공주의 아름다운 모습과 호동 왕자의 현란한 기마술, 고구려 궁중 춤 장면 등 볼거리가 많아요.

그런데 북녘에서는 만화 영화라고 부르지 않고 아동 영화라고 해요. 오후 5시에 TV 방송이 시작되면 30분 동안 하는 어린이 방송 시간에 아동 영화를 방영한답니다.

북녘에서는 영화도 많이 만들어요. 200군데가 넘는 영화 촬영소 가운데 가장 큰 '조선 예술 영화 촬영소'에서는 1년에 20여 편의 영화를 제작한대요. 도시와 지방에 있는 약 1000곳의 영화관은 가극, 연극, 교예(서커스) 공연도 할 수 있는 복합 문예 시설로, 만수대 예술 극장은 관람석이 4000석이나 된다는군요.

북녘 사람들은 남녘 사람들이 TV나 드라마를 즐겨 보듯 영화를 자주 봐요. 많은 공장이나 기업, 협동 농장 등에서 영화를 의무적으로 보게 하고, 관람한 뒤에는 영화 감상 토론회를 열거나 영화 속 주인공 따라 하기 등의 운동을 펼치기 때문에 영화는 북녘 사람들에게 매우 친숙하답니다. '조선의 별', '백두산', '도라지꽃', '사랑 사랑 내 사랑' 등은 북녘에서 많은 인기를 모은 영화예요.

　홍길동과 임꺽정은 북녘에서도 영화 속에 자주 등장하는 영웅이에요. 홍길동과 임꺽정 역을 맡은 배우들도 북녘 사람들의 사랑을 받는데, 특히 홍길동을 연기한 '리영호'라는 배우는 남녘 표현으로 최고 스타랍니다. 아줌마도 대학생일 때 평양에 가서 리영호 아저씨를 만난 적이 있어요. 그 때 아저씨는 평양 연극 영화 대학에 다니는 학생이었지요. 아줌마랑 백두산에서 판문점까지 행진을 같이 한 친구기도 해요. 이 다음에 우리 나라가 통일하면 어린이 여러분을 위해 아줌마가 북녘의 최고 스타인 리영호 아저씨의 사인을 받아 줄게요. 친한 친구였으니까 그 정도는 해 주겠지요?

　참, 북녘에서는 사인을 '수표'라고 해요. 돈을 의미하는 수표가 아니고 '손으로 쓰는 표시'라는 뜻인가 봐요. 아줌마도 평양에 갔을 때 북녘 어린이들에게 사인을 많이 해 주었거든요. 그 때 북녘 어린이들은 아줌마한테 이렇게 말했어요. "수표 좀 해 주시라우요." 어린이 여러분도 리영호 아저씨를 만나면 수표를 해 달라고 이야기해 보세요. 사인을 해 달라고 하면 못 알아듣고 안 해 줄지도 모르니까요.

　북녘에서 만든 아동 영화 가운데 남녘의 영화관에서도

상영한 적이 있는 '불가사리'를 아시나요? '불가사리'는 고려 말에 쇠를 먹고 자라는 불가사리의 전설을 줄거리로 만들었답니다. 영화에서 불가사리는 불쌍한 주인공을 도와 못된 관리들을 혼내 주는 착한 괴물이에요. 비록 남녘에서는 흥행에 실패했지만 잘 만든 영화로 평가 받고 있어요.

북녘에 '불가사리'가 있다면 남쪽에는 '용가리'가 있지요. 용가리는 고층 건물만큼 크고, 입으로 불을 내뿜는 괴물이에요. 처음에는 지구를 파괴하도록 프로그램 되었지만 결국 지구를 구하지요. 그러고 보니 불가사리나 용가리 모두 착한 괴물이네요. 어쩌면 불가사리와 용가리가 친구인지도 모르겠어요.

남과 북은 영화를 통해 서로 이해하려는 시도를 해 왔어요. 1990년 10월에 열린 뉴욕 남북 영화제를 계기로 남과 북의 영화인들이 접촉하기 시작했지요. 아직 남북 합작 영화를 만든 단계는 아니지만, 조만간 영화관에서 남과 북이 함께 만든 영화를 볼 수도 있을 거예요.

북녘에서 영화 제작 기술이 발달한 건 공산주의 정책 때문이에요. 앞서 아줌마가 말했듯이 공산주의 나라들은 문화 예술을 특정 계층이 독차지하는 걸 허락지 않아요. 중세

시대에 귀족들만이 고급 문화를 향유할 수 있던 것처럼 문화 예술이 고급화되어 소수의 사람들만 누리는 걸 바라지 않기 때문이지요. 그러다 보니 자연스럽게 많은 사람들이 참여할 수 있는 국민 체육이 발달하고, 영화처럼 수많은 대중이 한꺼번에 누릴 수 있는 예술이 발달한 거랍니다.

북녘에서는 국제 영화제도 열려요. 남녘의 부산 국제 영화제, 부천 판타스틱 국제 영화제, 전주 국제 영화제와 같은 세계적인 영화 축제가 북녘에도 있답니다. 평양 영화 축전이 그것인데, 2년에 한 번씩 개최되지요. '블록 불가담 및 기타 발전 도상 나라들의 평양 영화 축전'이라는 좀 길고 복잡한 이름을 가지고 있어요. 첫 축전은 1987년 9월 1일부터 13일까지 열렸어요. 스물아홉 나라가 참가했고, 장편 예술 영화 46편, 단편 예술 영화 42편, 아동 영화 22편 등 총 110편이 '횃불금상'을 놓고 경쟁했답니다. 평양 영화 축전에는 예술 영화를 비롯해 극영화, 기록 영화 부분의 작품들이 출품돼 영화의 상상력을 아낌없이 펼쳐 보이고 있어요.

한편 북녘은 집단 체조 역시 발달했답니다. 매스 게임 이라고도 하는데, 많은 사람이 호흡을 맞추고 오랜 시간

연습을 해야 하는 체조예요. 집단 체조가 시작되면 세계 어느 곳에서도 볼 수 없는 장관이 펼쳐진답니다. 수만 명이 호흡을 맞춰 그림이나 글자를 만들어 내는 모습이 신기하기만 하지요. 이런 집단 체조를 하는 축전도 많아요. 2002년에는 평양에서 대집단 체조를 하는 '아리랑 축전'이 열렸어요.

아줌마가 세계 청년 학생 축전에 참가하려고 평양에 갔을 때 받은 느낌을 조금 이야기할게요. 북녘에선 화려하게 치르는 대규모의 축제를 축전이라고 불러요. '평양 세계 청년 학생 축전'은 세계의 청년들이 한 곳에 모여 전쟁을 반대하고 평화를 노래하는 멋진 축제였답니다.

하지만 당시에는 아줌마와 같은 남녘의 대학생이 북녘에 가는 것이 금지되어 있었어요. 아줌마는 그 축제에 참가해서 북녘의 학생들과 평화를 사랑하는 세계의 학생들을 만나 보고 싶어 용기를 냈어요.

북녘의 학생들과 함께 백두산에 올라 "조국 통일 만세!"를 외치던 순간, 백두산 천지의 물이 하늘 높이 솟는 듯했지요. 북녘의 아주머니, 아저씨들도 모두 길거리로 쏟아져 나와 분단 이후 처음 북녘 땅에 온 남녘 대학생의 손을 잡고 기쁨의 눈물을 흘렸답니다.

이처럼 북녘 사람들은 열정적으로 축전을 즐겨요. '4월의 봄 친선 예술 축전'도 그 중 하나지요. 1982년 4월 15일, 김일성 주석의 70회 생일을 축하하기 위해 모인 10여 나라의 예술인들이 친선 음악회를 열며 시작된 4월의 봄 친선 예술 축전은 점점 규모가 커지고 형식도 다채로워졌어요. 음악, 무용, 교예, 마술 등 재미있고 다양한 공연으로 북녘 사람들에게 인기가 많아요.

자, 이만하면 북녘 사람들이 얼마나 축제를 좋아하는지 알겠죠? 예부터 우리 민족은 춤과 노래를 즐겼어요. 기쁜 일이 생기면 함께 나누기 위해 축제를 벌였답니다. 동네의 너른 마당으로 나와서 북과 꽹과리를 치면서 춤도 추고 노래도 부르고요. 신명나게 한판 놀다 보면 축제에 참가한 사람들은 모두 한 가족처럼 친해졌을 거예요. 특히 북녘 사람들은 거친 땅에서 혹독한 추위를 견디며 살아 온 고구려인의 피를 물려 받아서 역동적이고 활기가 넘쳐요.

통일을 이루는 날은 아마 우리 민족 최대의 축제가 열리겠죠? 축제가 끝나도 날마다 축제처럼 즐거울 거예요.

임수경 아줌마의 통일 이야기 18

북녘 아이들도 명절이 되면 고향에 가나요?

명절이 되면 많은 사람들이 고향에 가요. 고속도로에 차가 밀려 몇 시간이 걸려도 아랑곳하지 않고 말이에요. 시골에 계신 할아버지와 할머니 만날 생각, 누렁이와 함께 산과 들로 뛰어다닐 생각에 마냥 설레지요.

우리 민족은 농경 민족이어서 예부터 자연과 조상에게 감사하는 마음을 표현하는 날이 있었어요. 그런 날들이 오랜 세월을 거치면서 명절이 된 거랍니다. 남과 북은 비록 분단되었지만 한민족이기 때문에 명절이 같아요. 물론 달라진 명절도 있어요. 우선 북녘에는 어떤 명절들이 있는지 알아볼까요?

북녘의 명절은 국경일, 기념일, 전통 민속 명절 등을 모두 포함해서 말해요. 우리에게는 설이나 추석이 큰 명절이지만, 북녘에서는 김일성 주석과 김정일 국방 위원장 할아버지의 생일이 최고의 명절이에요. 김정일 국방 위원장 할아버지의 생일인 2월 16일부터 김일성 주석의 생일인 4월 15일까지 두 달을 축제 기간으로 정해 놓았을 정도지요. 이 때는 예술 공연, 체육 행사, 토론회, 전시회 등 다채로운 행사를 연답니다.

물론 북녘에도 민속 명절이 있어요. 한때는 '봉건 잔재의 뿌리를 뽑아야 한다'는 김일성 주석의 지시에 따라 음력 설, 단오, 한식, 추석과 같은 민속 명절을 없애기도 했지만, 1980년대 중반에 접어 들면서 다시 지내기 시작했답니다.

북녘에서 한때나마 민속 명절을 없앤 까닭은 첫째, 민속 명절에 열리는 행사들이 종교나 미신에 관련된 것이라 공산주의 사상과 맞지 않는다는 것이었고 둘째, 명절에 낭비가 심하다는 비판 때문이었습니다. 남녘에서 가정 의례 준칙을 정해 명절에 낭비하는 걸 막으려고 노력한 것처럼 말이지요. 셋째, 민속 명절은 과거 봉건 사회의 악습이므로 지킬 필요가 없다고 생각했대요. 그래서 북녘의 설은 음력 1월 1일이 아닌 양력 1월 1일이고, 이 밖에도 해방 기념일(8월 15일), 정권 창건일(9월 9일), 조선 노동당 창당일(10월 10일) 등이 손꼽히는 명절이랍니다.

　북녘에서도 민속 명절이면 차례를 지내고 성묘를 해요. 차례를 지낼 때는 남녘처럼 음식을 차려 놓고 절을 올리지요. 차례나 제사에 쓸 과일, 해산물 등 귀한 음식들은 미리미리 준비하고요. 남녘에서 명절이 다가오면 차례 상에 올릴 음식들을 미리미리 준비하는 것처럼 말예요.

　북녘 아이들도 민속 명절이면 고향에 가냐고요? 시골에 할아버지, 할머니나 친척이 있으면 당연히 내려가지요. 많은 남녘 사람들이 북녘에는 여행의 자유가 없어서 명절에도 사람들이 고향에 못 가는 것으로 알고 있어요. 실제로 북녘에선 민속 명절이라도 남녘처럼 많은 사람들이 이동하지 않아요. 민족의 대이동이라 할 만큼 많은 사람들이 움직이지 않는다는 거지요. 하지만 북녘 사람들에게 여행의 자유가 없어서 그런 건 아니에요. 남과 북의 사회 구조가 다르기 때문이죠.

어린이 여러분은 지금 누구와 함께 사나요? 엄마, 아빠, 형, 언니 혹은 동생과 함께 살겠지요. 할아버지, 할머니와 함께 사는 어린이도 있을 거예요. 하지만 대부분은 할아버지, 할머니와 함께 살지 않지요? 예전에는 남녘 사람들 대부분이 할아버지, 할머니, 엄마, 아빠 그리고 형제들과 함께 대가족을 이루며 살았어요. 증조할아버지, 증조할머니와 함께 사는 사람들도 있었지요. 하지만 지금은 서울, 부산, 대구, 광주, 대전 같은 도시들이 발달함에 따라 할아버지, 할머니와 떨어져 엄마, 아빠하고만 사는 사람들이 많아요. 이를 두고 핵가족이라고 하는 건 여러분도 다 알지요?

남녘은 도시가 발달해서 대가족보다는 핵가족이 많아요. 많은 사람들이 직업을 찾아 도시로 몰려들기 때문이지요. 평소에는 여러분의 엄마, 아빠가 바빠서 따로 사는 어른들을 찾아뵐 수 없지만, 명절은 공휴일이기 때문에 찾아뵐 수 있는 거예요. 그래서 대가족보다 핵가족이 많은 남녘 사람들은 명절만 되면 민족의 대이동을 한답니다.

하지만 북녘은 핵가족보다 대가족이 훨씬 많아요. 북녘 어린이들은 대부분 엄마, 아빠, 할아버지, 할머니와 함께 살기 때문에 민속 명절이라고 해서 집을 떠날 필요가 없어요.

그러니까 북녘에는 여행의 자유가 없어서 민속 명절에
남녘보다 적은 사람들이 움직인다는 건 사실이 아니에요.
남과 북의 사회 구조가 다르다는 걸 모르는 사람들의 생각일
뿐이랍니다.

  북녘에서는 나라가 직접 직업을 주기 때문에 가족이 있는
거주지를 떠나 일을 하는 가장들이 많아요. 이런 사람들은
민속 명절에 가족이 있는 집으로 돌아간답니다.

  북녘의 모든 노동자들은 1년에 14일의 정기 휴가와 직업의
종류에 따라 7~21일의 보충 휴가를 받을 수 있어요. 직업이
있는 결혼한 여자에게는 출산 전 35일, 출산 후 42일에 걸쳐
휴가를 준답니다. 또 집에서 멀리 떨어진 곳에 직장이 있는
사람들을 한 달에 한 번 쉬게 해 주는 '대휴 제도'도 있지요.
물론 제한 규정도 있어요. 노동자들이 이유 없이 출근을
안 했을 때는 날짜 수만큼 식량 배급표를 주지 않고, 사흘
넘게 빠지면 정기 휴가를 빼앗는대요. 북녘 사람들은 보통
휴가를 결혼, 입학이나 졸업 등 가정에 크고 작은 일이 있을
때, 추석이나 설 같은 명절 준비, 월동 준비 등에 쓴다고 해요.

  요즘에는 남녘의 명절 풍속도가 많이 바뀌었어요.
예전처럼 시골로 내려가는 사람만 있는 게 아니라 시골에

계시는 할아버지, 할머니들이 도시에 있는 자식들을 찾아 올라오시기도 하지요. 한꺼번에 많은 사람들이 움직이다 보니 자식들이 고향 찾아오는 길에 고생할까 봐 부모님들이 배려해 주시는 거랍니다.

 통일하면 새로운 풍속도가 생길 거예요. 사람들이 도시에서 시골로, 시골에서 도시로만 움직이는 게 아니라, 남에서 북으로, 북에서 남으로도 움직이겠지요. 남쪽에 고향을 둔 북쪽의 실향민들, 북쪽에 고향을 둔 남쪽의 실향민들이 고향과 친척들을 찾아 이동할 테니까요. 그렇게 되면 지금처럼 실향민들이 휴전선 근처나 통일 전망대에서 북녘 땅을 바라보며 합동으로 차례를 지내는 슬픈 일은 없을 거예요. 모든 사람들이 고향에 갈 수 있을 테니까요.

 하루빨리 통일해서 모두 고향에 갈 수 있는 날이 오면 좋겠어요. 그러면 즐거운 명절에 갈 수 없는 고향 땅을 바라보며 눈물짓는 실향민의 주름살도 활짝 펴질 거예요.

통일하면 무엇이 달라지나요?

여러분은 통일하면 무엇이 어떻게 달라질까 무척 궁금할 거예요. 사실 아줌마도 그래요. 통일하면 수도는 어디일지, 나라 이름은 무엇일지…… 참 궁금한 게 많아요. 여러분도 이런 것들이 궁금하다고요?

통일하면 나라 이름, 수도, 나라꽃, 국가 등을 정하기 위해 공모를 할지도 몰라요. 어찌 되었든 많은 사람들이 바라고 동의하는 것으로 정해야겠지요. 통일은 남녘과 북녘의 땅덩어리는 물론, 남과 북에 사는 사람들이 모두 합쳐지는 거예요. 따라서 사람마다 다른 생각을 가질 수도 있어요. 생각이 서로 달라도 함께 얘기해서 좋은 결과를 얻을 수 있도록 노력해야 해요. 상대방은 어떤 생각을 가질까 헤아리고 이해하면 의외로 쉽게 공통점을 발견할 수 있답니다. 그래서 남녘 사람들의 생각을 내세우기 전에 북녘 사람들은 어떻게 생각하는지, 그 동안 어떻게 살아 왔는지 알아보고 이해하는 것이 중요해요.

남녘의 나라꽃이 무궁화라는 걸 모르는 어린이는 없을 거예요. 그럼 북녘의 나라꽃은 무엇인지 아세요? 혹시 '뮬란'이라는 만화 영화를 보았어요? 뮬란은 목란의 중국식 발음이에요. 북녘의 나라꽃은 바로 이 목란인데, 정확히 말하면 산목련과에 속하는 함박꽃이랍니다.

남녘에 애국가가 있듯이, 북녘에도 국가가 있어요. 우리의 애국가는 '동해물과 백두산이 마르고 닳도록……'으로 시작하지만, 북녘의 국가는 '아침은 빛나라. 이 강산은 금에 자원도 가득한 삼천리 아름다운 내 조국……'으로 시작한답니다. 북녘에선 국가를 인민 학교 1학년 때부터 배워요. 남녘처럼 TV나 라디오 방송이 시작될 때와 끝날 때 나오지만, 평소에는 자주 부르지 않아요. 대신 음악 교과서

맨 앞에 국가와 함께 실려 있는 '김일성 장군의 노래'를 탁아소와 유치원 때부터 배우고 국가보다 더 많이 부른대요.

이 노래는 '장백산 줄기줄기……'로 시작하는데, 월북 시인 이찬 씨가 가사를 지었다고 전해져요.

그리고 남녘에 서울 특별시를 비롯해 여섯 광역시와 아홉 도가 있듯이, 북녘에도 평양 특별시를 비롯해 세 직할시와 아홉 도가 있답니다. 통일하면 남녘의 수도인 서울이나 북녘의 수도인 평양 가운데 한 곳이 수도가 될 가능성이 높아요. 왜냐 하면 남에서든 북에서든 행정, 정치, 경제의 중심지 구실을 해 왔기 때문에 통일 조국에서도 그런 기능을 담당하기가 수월할 테니까요. 하지만 북쪽의 개성 직할시가 수도가 될 가능성도 있어요. 고려 시대에 오랫동안 수도이던 개성은 국토의 가운데에 있어 교통이 편리하고 규모도 큰 도시이기 때문이죠. 어느 곳이 수도가 되든 통일 조국에서 많은 기능을 할 수 있는 곳이 선정되면 좋겠어요.

통일하면 이것들뿐만 아니라 많은 것이 달라질 거예요. 지금은 우리가 배나 비행기를 타야 외국에 갈 수 있지만 경의선이 연결되고, 다시 중국과 러시아를 잇는 철도가 연결되면 육지를 통해서도 유럽까지 갈 수 있어요. 우리가

통일만 하면 러시아의 블라디보스토크에서 유럽 대륙으로 이어지는 유라시아 철도가 서울을 거쳐 부산까지 연결된답니다. 그렇게 되면 기차 타고 세계 여행을 할 수 있어요.

휴전선도 사라지겠지요. 물론 휴전선을 지키는 군인 아저씨들도 모두 다른 곳으로 갈 거예요. 지금처럼 많은 군인이 필요치 않으니 의무적으로 군대에 가지 않아도 되겠죠? 휴전선 안쪽의 비무장 지대는 '천연 기념물의 보물 창고'로 불려요. 수십 년 동안 인적이 끊긴 곳이어서 희귀한 동식물이 많거든요. 비무장 지대를 보호 구역으로 정해 아프리카의 세렝게티 초원처럼 '야생 동물의 천국'으로 만들 수도 있을 거예요. 분단이라는 민족의 비극이 다시는 벌어지지 않도록 기억하기 위해 기념관을 세우는 것도 좋겠지요.

공휴일도 달라질 거예요. 지금 남과 북은 같은 공휴일도 있지만 다른 공휴일도 있답니다. 예를 들면 설날, 광복절, 추석 등은 남과 북이 같아요. 그런데 남녘에는 제헌절이 있는 반면, 북녘에는 헌법절이 있어요. 뜻은 비슷하지만 날짜가 달라요. 통일이 되면 서로 다른 공휴일을 하나로 맞춰서 조정할 필요가 있겠지요. 어떻게 바뀔지 몰라도 한 가지는 확실해요. 우리가 통일하는 날, 그 날은 민족 최대의 명절이자 공휴일이 될 거라는 사실이에요.

통일하면 남과 북으로 자유롭게 이사도 다닐 수 있어요. 그러면 북녘 아이들이 남녘으로 이사 와서 여러분과 함께 공부하거나, 여러분이 북녘으로 이사 가서 그곳 아이들과 함께 공부할 수도 있겠지요.

어른들보다는 여러분이 통일한 나라에 더 잘 적응할 거예요. 1990년에 통일한 독일은 당시 30~40대가 큰 어려움을 겪었대요. 반면에 50대 이상과 젊은 사람들 그리고 여러분과 같은 어린이들은 비교적 잘 적응했다는군요. 50대 이상은 분단되기 전의 독일을 떠올리면 되고, 젊은 사람들과 어린이들은 새로운 체제에 적응하면 되니까요. 하지만 30~40대는 자신들이 살던 분단 체제에 몸과 마음이 굳어서 새로운 환경에 적응하기가 힘들었다고 하는군요. 마찬가지로 우리 나라도 통일하면 어린이 여러분이 하나 된 나라에 더 잘 적응할 거예요. 여러분은 만난 지 얼마 안 돼도 또래의 어린이들과 쉽게 마음을 터 놓고 지낼 수 있잖아요. 그렇듯 북녘 아이들과 한 교실에서 공부하면 금방 친해질 거예요.

그리고 여러분은 바뀐 교과서로 공부를 하겠지요. 지금 남과 북의 교과서는 많이 달라요. 수학이나 과학 같은 과목은 하나로 통일하는 데 별 어려움이 없지만, 역사 과목은 수정할 것들이 많아요. 이를테면 남녘에서는 고조선 뒤에 고구려, 백제, 신라의 삼국 시대가 왔다고 배우지만, 북녘 어린이들은 고조선 뒤에 구려국*이 있었다고 배운답니다. 이렇듯 통일하면 남과 북의 역사학자들이 서로 정보를 교환하고 연구해서 우리 민족의 역사를 새롭게 정리해야 해요. 그러면 여러분은 아마 지금과 많이 다른 역사책으로 공부하겠지요. 도덕이나 사회 과목도 바뀔 거예요. 도덕에서는 통일 이야기가 지금처럼 많이 나오지 않겠지요. 왜냐 하면 벌써 통일을 이루었으니까요. 지도도 다시 그려야 하고, 사회 제도 역시 많이 바뀔 테니까 사회 과목도 달라지겠지요. 이렇듯 통일하면 새로이 배울 것들도 많답니다.

  통일하면 일일이 헤아리기 어려울 만큼 많은 것들이 변하겠지요. 하지만 앞에서도 얘기했듯이 통일한 뒤 무엇이

---

*구려국 : 고조선 멸망 이후 고구려 건국 이전 약 1000년간 한반도 북부 지역과 지금의 중국 동북부 지방을 지배했다는 나라.

어떻게 달라지든 중요한 건 우리 민족이 모두 공감하고
찬성하는 방향으로 바뀌어야 한다는 사실이에요. 우리의 통일
조국은 국민의 뜻이 반영되고 국민이 주인인 나라, 화합과
평화가 넘치는 나라, 풍요롭고 온 국민이 행복한 나라가
되겠지요?

임수경 아줌마의 통일 이야기 20

참 좋다! 통일 세상

저기 운동장에서 뛰어노는 어린이들 곁에
귀여운 강아지 두 마리가 눈에 띄네요. 가까이 가서 보니 두
강아지의 생김새가 조금 다르군요. 한 마리는 귀가 쫑긋하고
앞가슴이 벌어졌어요. 다른 한 마리는 몸통이 날렵하고
눈동자가 머루알처럼 새까맣군요. 아하, 진돗개와
풍산개네요. 진돗개는 남녘의 진도에서 자란 개로 아주
영리해요. 풍산개는 북녘 개마 고원의 풍산에서 자란 개답게
사냥에 뛰어나고 주인에게 충실해요. 아직은 어리지만 두

강아지가 커서 어른 개가 되면 아주 멋질 것 같군요.
운동장에서 어울려 노는 남과 북의 어린이들처럼 진돗개와
풍산개도 서로 으르고 핥아 주는 모습이 보기 좋아요.
 학교 담 아래 긴 의자에서는 어린이 두 명이 뭔가 열심히
들여다보네요. 취미가 우표 수집인가 봐요. 두 어린이가 보는
게 우표 수집책이거든요. '25톤 건설호', '천리마 84' 등
북녘에서 발행하던 우표가 있군요. 그 옆에 우리 나라의
통일을 기념하는 우표도 보이네요. 북녘에서는 우표를
'나라의 명함장', '종이 보석' 등으로 일컬었답니다. 크기는
작지만 그 나라의 문화와 역사, 사회상, 인쇄 기술까지 보여
주기 때문이래요.
 그 옆의 의자에는 한 어린이를 가운데 두고 친구들이 빙
둘러섰군요. 얼마 전에 백두산 여행을 하고 온 어린이가
친구들에게 백두산에서 찍은 사진을 보여 주네요. 운이 좋아
구름 걷힌 천지를 찍을 수 있었나 봐요. 사진 속에서 천지의
푸르고 맑은 물이 출렁이는 것만 같아요. 백두산에 다녀 온
친구가 자랑을 늘어놓자, 그 옆에 있는 친구는 평양 여행을
자랑하는군요. 평양에서 먹은 냉면이 얼마나 맛있었는지
얘기하며 침을 꼴깍 삼키네요.

운동장 끝에 있는 작은 씨름장에서는 한 어린이가 삼촌과 씨름을 하고 있어요. 군대에 간 삼촌이 돌아와 함께 노는 거예요. 통일하니 군 복무 기간이 짧아져서 삼촌이 예정보다 빨리 군 생활을 마치고 돌아왔거든요. 삼촌을 만나서 신이 난 어린이가 씨름을 가르쳐 달라고 졸라 대네요. 삼촌은 빙긋 웃으면서 샅바 잡는 방법부터 안다리, 바깥다리 같은 씨름 기술을 가르쳐 주고 있어요.

 씨름장 옆에는 어린이들이 둥그렇게 모여 앉아 이야기를 나누는 모습이 보이네요. 평양에서 전학 온 어린이도 있군요. 어린이들이 새롭게 만든 국어 사전을 보나 봐요. 남쪽의 표준어와 북쪽의 문화어를 합해서 새로 만든 국어 사전을 보며 새 낱말을 익히는 중이에요. 평양에서 온 어린이가 서울 친구들에게 문화어를 설명해 주네요. 곽밥은 도시락, 얼음보숭이는 아이스크림…… 이렇게 말이죠. 서울 친구들은 평양 친구가 낯설어하는 낱말들을 가르쳐 주고 있어요. 보조개는 오목샘, 비스킷은 바삭과자, 서커스는 교예…… 이렇게 말이죠. 평양 친구의 억양이 재밌어서 서울 친구들이 까르르 웃고, 그 즐거운 웃음이 운동장으로 솔바람처럼 퍼져 나가요.

농구장에 가 볼까요? 남북 어린이들이 어울려 농구 시합을 하네요. 남쪽 어린이들이 이겼어요. 그런데 탁구 시합도 그럴까요? 북쪽 어린이들이 주로 즐기는 운동은 탁구, 축구, 야구랍니다. 농구 시합에는 졌지만 탁구 시합에서는 꼭 이길 거라고 장담하는군요. 농구를 마친 어린이들이 탁구장으로 달려가고 있어요. 어린이들 뒤로 피어 오르는 먼지가 아지랑이 같아요.

학교 건물을 보니 맨 앞에 국기가 눈에 띄네요. 바람에 휘날리는 국기는 자세히 보니 태극기도 인공기도 아닌 통일한 나라의 단일기로군요. 우리 한민족에게 손짓을 하듯 단일기가 바람에 나부껴요.

학교에서 나오니 교문 앞 도로에 자동차들이 달리네요. 이따금 자동차 번호판에 평양 혹은 개성이라 쓰인 것들도 있군요. 서울에 사는 친척들을 만나러 평양과 개성에서 사람들이 타고 온 자동차인가 봐요.

아저씨들이 커다란 화물차 짐칸에 짐을 잔뜩 싣고 있어요. 어디로 가는 거냐고 물었더니 중국으로 간다는군요. 예전에는 중국에 가려면 배나 비행기를 타야 했잖아요? 하지만 통일해서 도로가 뚫리니까 이제 트럭으로도 중국에 갈 수

있어요.

여러분 어때요, 상상만으로도 즐겁지요? 통일한 뒤 서울의 모습을 아줌마가 잠깐 상상해 봤어요. 여러분도 찬찬히 머릿속에 그려 보세요. 어떻게 달라질지, 무엇이 새롭게 나타날지 생각해 보자고요.

통일이 되면 참 많은 게 변하고 좋아질 거예요. 지금 북녘 사람들은 공짜로 병원에 갈 수 있답니다. 물론 의료 장비나 병원 시설 등은 남녘보다 뒤떨어지지만, 아픈 사람은 모두 돈 걱정 없이 병원에 갈 수 있어요. 통일하고 나면 분단 비용이 필요 없으니 그 돈을 경제 발전과 국민 복지에 사용하면 돼요. 통일 조국에서는 남녘과 북녘의 좋은 점을 받아들이겠지요. 그 때는 돈이 없어서 치료를 받지 못하거나 병원에 가지 못하는 일도 없을 거예요. 아픈 사람은 모두 병원에 가서 진찰을 받고 약도 타고 주사도 맞을 수 있을 테니까요.

북녘 친구를 초대해서 함께 컴퓨터 게임도 할 수 있고, 장기나 바둑을 둘 수도 있답니다. 북녘 친구들은 장기를 무척 좋아해서 남녘 어린이들이 웬만해서는 이길 수 없을 거예요. 하지만 컴퓨터 게임은 아마 여러분이 더 잘하겠지요. 북녘 친구들과 함께 서로 잘하는 것들을 가르쳐 주고 배우면 정말 재밌을 거예요.

'슬픔은 나누면 반이 되고 기쁨은 나누면 배가 된다'는 말이 있어요. 통일은 남녘의 것을 떼어 북녘에 주는 것이 아니라, 남과 북의 장점을 더하는 거예요. 우리 민족은 불가능하게만 보이는 일들을 해 낸 경험이 많아요. 한반도라는 지리적 위치 때문에 수많은 침략을 당하고도 굳건히 이 땅을 지켜 왔잖아요? 세계에서 제일 과학적인 문자 한글도 지니고 있어요. 한 번도 다른 나라를 침략하지 않은 평화를 사랑하는 민족이고요.

통일은 우리 나라를 더욱 풍요롭게 하는 일이면서 세계 평화와 인류의 행복에 기여하는 일이기도 해요. 해외에 있는 우리 동포들도 통일 조국의 핏줄임을 자랑스러워하며 당당히 어깨를 펴고 살 수 있을 거예요.

어린이 여러분, 통일 세상 참 좋지요?

통일 세상은 누가 만들어 가나요? 바로 여러분이에요. 여러분이 통일 세대랍니다. 이 세상에서 가장 아름답고 가장 자랑스러운 통일 세대!